中世神仏の文芸と儀礼

The Literature and Rituals of Medieval God and Buddhas

有賀夏紀
ARIGA Natsuki

文学通信

中世神仏の文芸と儀礼

◉目次

第Ⅱ部　真言宗寺院の文芸と儀礼

凡例

一、資料の引用は、原則として通行の字体に統一した。

一、引用資料の用字は、表記に揺れがある場合でも原則として引用元に従った。

一、引用文には、適宜、句読点・中黒点を私に付した。

一、引用文中の傍線・傍点は、引用者による。

一、『神道集』の引用に際して、読解の便をはかるため、原本で「給ふ」の意で用いられている「下」を「給」と表記した箇所がある。

序章

一　本研究の方法

法会や修法などの仏教儀礼は、表白や願文をはじめとする文字テキスト、その基盤となる教理と教学、声明や雅楽などの音楽、さらに演劇的所作や本尊図像、荘厳された道場など、さまざまな要素で構成される総合的営為である。中世において、かかる営為は多くの言説・文芸を生み出す場となっていた。

本著で取り上げる『神道集』も、仏事法会と深く関わる宗教文芸の一つである。それというのも、本書には表白や願文で用いられる対句表現や、説経の語り口などが随所に認められるからである。また、後世の御伽草子の嚆矢となる縁起類を収めること、中世神道説を主題とする章段が多いこと、古今注・日本紀注といった注釈の言説が散見されることなどが注目されるが、これらの特徴は儀礼が文芸生成の場となり得たことを示すとともに、種々の分野におよぶ中世寺院の学問体系と知のあり方を反映している。さらに、同時代の宗教文献資料へ視野を広げると、真言宗寺院の祈雨儀礼で用いられた『龍王講式』や、同じく吒枳尼法などの密教修法の口伝書類も、中世の学問活動を背景に創出されている。

近年、法会や修法などの儀礼空間や、儀礼の場で生み出される宗教言説をめぐり、文学、歴史学、思想史、美術史、芸能史など多角的な視座からの研究が進められている。(1) 学問領域を横断する論究によって、儀礼を取り巻く諸現象を具体的かつ立体的に浮かび上がらせることが可能となるからである。これら諸領域にわたる研究のなかで、本著は文献資料に基づく宗教言説を中心に二部構成で論じる。

第I部「『神道集』の言説と思想」では、南北朝期成立の寺社縁起集『神道集』に焦点をあて、本書の思想的特徴や、本文中に取り入れられた言説群の性質を考察する。これは物語縁起の分析に偏重していた、従来の『神道集』研究の問題点や不足部分を補う方法論であり、領域横断的な視点を通じて、本書がいかに形作られているのかを究明する。

第II部「真言宗寺院の文芸と儀礼」では、天野山金剛寺に所蔵される『龍王講式』と、称名寺聖教の吒枳尼天関連資料を取り上げ、文章表現や典拠、成立背景を分析する。また、寺院間の人や資料の移動も視野に入れ、テキストの生成基盤となった学僧たちの学問活動や、儀礼を取り巻く環境を明らかにする。

二　各章の梗概

次に、本著の構成と梗概を掲げる。

第I部「『神道集』の言説と思想」では、法会の言説に連なる『神道集』の本文表現を確認しながら、本書を構築する知識の基層を分析する。それによって『神道集』の根底に広がる教理・教説や神祇信仰、また注釈世界の様相を詳らかにし、本書が重層的な営みの上に成り立つことを示す。

第一章「『神道集』研究史」では、戦前から二〇〇〇年代以降の『神道集』研究史を概観する。筑土鈴寛氏から本格的にはじまった『神道集』研究は、当初より諏訪縁起や熊野縁起などの物語が注目されてきた。一九五〇年代から一九六〇年代は物語の「地方性」「唱導性」が研究の主流テーマとなり、一九七〇年代は『神道集』の本文と他資料との比較を行う文献学的研究が登場した。一九八〇年代から二〇〇〇年以降になると、民俗学的手法を用いて物語縁起の成立過程を論じる一方で、随所に散見される中世神道説へも目が向けられはじめた。しかしながら、依然として多くは物語縁起を対象とした研究であった。本著はこうした先行研究の不足部分を補い、『神道集』をはじめとする宗教文芸の特質を明らかにすることを志向する。

第二章「『神道集』の本文表現と仏教儀礼」では、巻三「武蔵六所明神事」の本文表現に着目し、『神道集』の本文が仏教儀礼のテキストに通底することを指摘する。その特徴は、表白・願文と同様の対句を用いた文章形式、『転法輪鈔』などの唱導書と類似する文言、そして説草の再利用のごとき章句の転用などである。さらに、『神道集』の物語縁起に、法会の説経や因縁の語り口に似た表現が見られることと併せて、いずれの文体も法会の表現として位置づけられることに言及する。文学、思想の両面から検討することで、各論的に論じられがちだった『神道集』を、儀礼の場と関わるテキストとして総体的にとらえていく。

第三章「『神道集』の神祇観と実者」では、『神道集』の神祇観について、中世に流布した神道説や密教説から考察する。とくに、巻一「神道由来之事」を中心に、神の分類概念である「権者」「実者」の二分類、および権現・大菩薩・大明神の三分類に着目し、『諸神本懐集』などの他書との比較を通して『神道集』の思想的特徴を示す。悪鬼や邪神の類いとされる「実者」への『神道集』の寛容な姿勢は、先行研究において地域社会の庶民生活を反映した特徴と見なされてきた。しかし、それが『神道集』に限ったものではなく、中世の密教思想に基づくものであることを、『秘鈔問答』『渓嵐拾葉集』といった事相書の言説を提示して明らかにする。

第四章「『神道集』「諏方縁起」の女神と禁忌」では、巻一〇「諏方縁起」に登場する諏訪下社の女神「春日姫」に焦点をあて、春日姫が忌避する「荒膚」について考察する。各地の寺社の服忌令を精査した結果、荒膚とは姦通を意味する言葉であることが明らかになった。『神道集』の夫婦は家政を司る側面が強く、妻には家政能力と貞操観念が要求される。こうしたことから、春日姫は姦通を忌避することで夫婦によって運営される中世の「家」の営みを擁護する女神となったことを指摘する。これは『神道集』の夫婦関係を重視する姿勢とも結びつき、本書の思想的傾向と社会的実態との相関性を示すものである。

第五章「『神道集』「白山権現事」の王子たち」では、巻六「白山権現事」の白山信仰について、対句表現を中心とした本文形式を踏まえて言及する。『神道集』の白山縁起は、五人の御子神たちを主題としている。それは御子神たちに守護されながら、山麓から山頂まで続く修行の道（禅定道）をたどって白山に登拝することを肝要とした、中世の白山信仰のあり方に由来することを論じる。

第六章「『神道集』の「鹿嶋縁起」と注釈」では、巻三「鹿嶋大明神事」と、巻五「春日大明神」の二編で展開される鹿嶋関連記事を「鹿嶋縁起」と称し、縁起の生成過程で依拠した言説の性質と、地域性を考察する。『神道集』の鹿嶋縁起は、藤原氏を取り巻く常陸国の諸伝承や、常陸国近辺で成立した『日本書紀私見聞』『日本書紀私鈔』『古今序注』などの注釈類と近しい記述を持つ。『神道集』が東国の注釈書と共通する言説を取り入れている事実は、宗教文芸生成をめぐる学僧たちの学問体系や、東国の宗教文化圏の影響を示唆するものといえるだろう。

第Ⅱ部「真言宗寺院の文芸と儀礼」では、真言宗寺院に所蔵される儀礼関連の文献資料を検討する。とくに称名寺聖教の吒枳尼天関連資料や、天野山金剛寺蔵の『龍王講式』の分析を通して、儀礼関連資料の背景となる教説や学問活動の様態を探る。

第一章「『神道集』の辰狐王菩薩曼荼羅」は、『神道集』を中心とする第Ⅰ部と、真言宗寺院の儀礼関連資料を取り扱う第Ⅱ部とを架橋する論考である。『神道集』巻三「稲荷大明神事」は、密教修法のなかでも秘事として伝えられ、天皇の即位儀礼にも取り入れられた「吒枳尼法」の言説に基づいて作成されている。その本文は対句表現を用いた修辞的文体であり、吒枳尼天と眷属の尊容を列記した曼荼羅を連想する叙述構成となっている。こうした特徴は、本尊図像を掲げる仏教儀礼の場を意識したものと考えられ、『神道集』が吒枳尼法にまつわる秘説や口伝を法会唱導のテキストに適した形態として取り入れたことを検証する。

第二章「『辰菩薩口伝』と中世仮託文献」では、一四世紀写『辰菩薩口伝』を取り上げて、鎌倉末期から南北朝期の吒枳尼天信仰を考察する。そして、本資料が天台密教の「円密一致」思想を基盤とし、天台系仮託文献と近しい関係にあることを明らかにする。本資料の書写者である称名寺僧秀範は、室生寺や京洛寺院を遊学し、台密の秘事口伝に接することのできる人物であった。したがって『辰菩薩口伝』は、天台密教における口決の形成とともに創出され、吒枳尼天信仰の新たな側面を示すものと位置づけられる。

第三章「『辰菩薩口伝上口決』と法華曼荼羅」では、第二章で言及した『辰菩薩口伝』と一結の『辰菩薩口伝上口決』を分析する。本資料も、吒枳尼天の秘説を集めた聖教である。『辰菩薩口伝』も『辰菩薩口伝上口決』も、ともに即身成仏を志向する密教的身体観を基調とし、八葉蓮華、宝塔、舎利といったキーワードを用いて、『法華経』(法華円教)と密教の一致を説く。この言説は天皇の即位灌頂の口決にも見出せるものであり、吒枳尼法から即位灌頂に至るまで、中世の儀礼の根拠となっていたことを指摘する。

第四章「『龍王講式』の式文世界」では、大阪府河内長野市の天野山金剛寺（真言宗御室派）に伝存する、龍王を本尊とする祈雨儀礼のテキスト『龍王講式』について論じる。『龍王講式』には、『釈摩訶衍論』とその注釈書の叙述が多く確認できる。また、東密の修法「請雨経法」や、事相書に見える言辞も色濃く反映されている。本講式は『釈論』、請雨経法、空海の祈雨伝承、さらには漢籍など諸領域を横断しながら作成されており、中世真言宗寺院の学問背景が投影されていることを提示する。

以上のような構成で、仏教儀礼の場で生成されるテキスト類の特質と、その思想的・文化的背景を明らかにする。

注

（1）たとえば、小峯和明『中世法会文芸論』（笠間書院、二〇〇九年）、阿部泰郎『中世日本の宗教テクスト体系』（名古屋大学出版会、二〇一三年）、小峯和明監修・原克昭編『日本文学の展望を拓く3 宗教文芸の言説と環境』（笠間書院、二〇一七年）、近本謙介編『ことば・ほとけ・図像の交響――法会・儀礼とアーカイヴ』（勉誠出版、二〇二二年）などの著作や論集は、学問領域を横断しながら、宗教をめぐる言説・事象・環境等をとらえたものである。

第Ⅰ部　『神道集』の言説と思想

第一章　『神道集』研究史

第Ⅰ部では、南北朝期に成立した『神道集』を基軸に、中世宗教文芸のはらむ重層性と、背後に広がる思想世界の様相を明らかにする。まずは、『神道集』の研究史を追って、先学による本書の評価や位置づけを整理したい。

一　本地垂迹説と『神道集』

『神道集』は神々の前生譚や神事の由来、中世神道説や本地説など、神祇にまつわる一〇巻五〇編を収めた縁起集である。題名に「神道」と冠するが、中世における「神道」は今日イメージされるいわゆる宗教としての神道ではなく、神祇や神祇に関する事柄を意味する。したがって、本書は仏教的見地から、仏の垂迹である神祇の物語や中世神道説を類従した集ということになる。

仏教と神祇信仰が密接に関係する神仏習合の形態はすでに八世紀頃から認められるが、これがいっそう発達したのが、本地垂迹説が登場した平安期以降である。本地垂迹説は『法華経』の本と迹の概念を用いて、仏を本地、神をその垂迹とし、天竺から遠く離れた粟散辺土に住む日本の衆生を救うために、仏菩薩が権《かり》に神の姿であらわれたとするものである。平安末期にはそれぞれの神に具体的な本地が定められ、中世に至ると理論化や体系化が進められた。

本地垂迹説が隆盛した中世は、神仏が大きく変化をとげた時代でもあった。その運動は新たな物語、学問、儀礼、芸能等を生み出し、それらが再び交錯し、あるいは補完し合ってさらなる言説群を生成するという活動が間断なく繰り返された。こうしたなかで本地垂迹説を物語として語り、神々の本地をあかしたのが『神道集』である。本書に収められた神々の前生譚は、神が人間として苦難を経験し、それを機縁に神としてあらわれた来歴を語るもので、主人公たちの活躍の場は日本国内にとどまらず、遠く天竺にまでおよぶ。これらの物語は、後世の御伽草子や浄瑠璃物語などに連なる「本地物」の原型として注目された。

一方で、思想面では天台教学のほか、両部神道説や浄土系言説などが断片的に混在しており、一貫した教理・教説を持たない。それゆえに、本書の編者は特定しがたい状況である。しかし、本文が仏教儀礼の言説群に属する叙述形式であること、古今注や日本紀注など諸注釈の言説が見られること、そして種々の神祇信仰が整理されずに取り込まれていることなど、中世の宗教文芸が多彩な要素を受容しながら、重層的に成立した様子を知る恰好の手がかりとなる。

また、南北朝期という動乱期に成立した意味も考慮すべきであろう。価値観が大きく揺らぐなかで、人々は自らがよって立つべきものの根拠を歴史や神話に求めた。神々の物語を披瀝し、さらにその本地をあかす行為は、そうした潮流に位置づけられるものである。本地垂迹説によって新たな物語世界を構築し、中世の宗教世界の営みを顕著にあらわす資料が『神道集』なのである。

二　『神道集』の成立と諸本

『神道集』の成立は、本文中に見える「今延文三年」「今文和三年」等の記述から、南北朝期の文和・延文年間（一三五二〜一三六一）頃だと考えられている。(1) ただし編者は未詳で、各巻の内題下に「安居院作」と記されるも、本書が安居院流唱導者の編纂になるかどうかは明確な結論が出ていない。(2)

『神道集』の神道説や仏教教理には齟齬や揺れがあって、思想的特性から編者を特定するのは難しい。(3) 本書は「神道」（仏の化身である神々）にまつわる諸言説の集成という点では統一されているものの、前述のように、天台教学や密教説、浄土系の言説など多様な要素が認められるため、一貫した教理的傾向を見出しがたい。ただし、上野国や信濃国に関連する記事が多いことから東国の宗教者の関与が推測されており、近年は上州における天台系寺院の動向や在地縁起の叙述から、本書の生成の営みを探る試みがなされている。(4)

『神道集』の諸本は、「古本系」と「流布本系」の二系統に分かれる。(5) 古本系には、真福寺本、(6) 赤木文庫本、(7) 天理図書館本、(8) 彰考館本(9)などがある。古本系は、誤写と思しき箇所や脱文、衍字等が多く、意味が取りにくい部分もあるが、古態を残す本文として『神道集』研究の中心に据えられている。とくに赤木文庫本（現天理図書館所蔵）は、明応三年（一四九四）に下野国大沢山円通寺六世・旭蓮社良順によって書写された伝本で、巻一のみを欠いた九巻が残存している。書写年代も真福寺本に次いで古いため、古本系諸本の中核を担っており、本著における『神道集』の引用も赤木文庫本による。(10)

流布本系は、神宮文庫本の二本（宮崎文庫本・林崎文庫本）、国立歴史民俗博物館本、斑山文庫本、東洋文庫本、(11) 河野本(12)などが伝存する。流布本系は、古本系で文意不通であった箇所を説明的な叙述にあらためるなど、より合理的な本文となっている。また、古本系よりも記述が長い傾向がある反面、重複する部分は省略するなど（巻五「天神七代事」「地神五代事」）、本文が整理されている。さらに、古本系にはない異説を載せる章段もある（巻七「接州葦刈明神事」)。流布本系を取り上げる研究は多くないが、古本系から流布本系への変容を合理化として片づけるだけではなく、異説混入の経緯や意義などを『神道集』享受史の一端としてとらえていく必要もあるだろう。

三 『神道集』研究の展開

(1) 戦前の『神道集』研究——紹介・再評価

『神道集』に関する論考は、文学や民俗学、思想史の分野に至るまで幅広い。そのため、本稿ではとくに『神道集』の評価に影響を与えた論考や、その当時の研究傾向を示す論考を中心に、年代をたどりながらまとめたい[13]。

『神道集』の本格的な研究は、昭和四年(一九二九)の筑土鈴寛「諏訪縁起・甲賀三郎[14]」にはじまる。氏は『神道集』を、「本地物」が寺社の徒によって育てられた痕跡を示す「文学にまで持越す手前のもの」として位置づけた。また、伝本と内容(目録)を紹介した上で、本書は纂輯的な性質の書物で一貫した神道説を持たないが、「中世の神道説で論じられた問題のほとんどは簡略ながらも記されている」とし、本書は「説経念仏派の誰か」が記録したものであり、成立は南北朝時代であると断じた。

筑土氏はとくに室町物語との繋がりが想像される『神道集』の本地物語に注目し、巻一〇「諏訪縁起」を天正写『諏訪大明神御本地縁起』や、信濃佐久郡の伝承と比較して、骨子が同じ物語と結論づけている。『神道集』と室町物語、信濃の伝承を同一線上にとらえた論究により、『神道集』は説経師が語る神仏の本縁譚と室町物語の本地物とを繋ぐ、文学と宗教の狭間に位置する存在という地位を獲得した。

さらに、五〇編の章段を内容ごとに分類し[15]、「本書の最も特異なる点」を「物語的縁起」にあるとした。そして、

『神道集』が早くから国学者に知られながらも荒唐無稽として排斥されてきたことについて、「新しく見直されねばならない」と主張したのである。

筑土氏による一連の研究は、『神道集』の再評価に加え、さまざまな視座や問題を提起し、さらには国文学の範疇に宗教文芸研究の素地を作るものともなった。以降、『神道集』は、文学研究のなかで積極的に取り上げられるようになる。

このほか、柳田国男による甲賀三郎譚の比較分析や、(16)横山重氏による彰考館本『神道集』影印の出版など、(17)国文学・民俗学の両面から研究が進められた。これらの業績は、『神道集』の紹介・再評価とともに、本地物の源流としての『神道集』という見方を提示し、宗教と物語とを繋ぐ重要な回路となったのである。

（2）一九五〇年代～一九六〇年代前半——地方性・唱導性

戦後の一九五〇年代から六〇年代には、筑土氏の業績を引き継ぎつつ、物語の地方性や、村落共同体との関係性に焦点をあてた論考が登場する。

菊地良一氏は『神道集』の成立を、中世社会を構成する血族・同族・村落の結合的象徴という観点から考察している。(18)氏は地方豪族による領国形成という中世社会の変革に着目し、領主の支配力強化のために勧請された神が郷村社会における団結の中心となり、そこで「庶民的生活をそのまま表象した」素朴な本縁譚が生成されたとする。この見解は中世社会の成立という歴史的背景と、『神道集』とを連動させるものであり、この後も菊地氏は地方性・庶民性・唱導性などを基軸に、中世の地方社会と『神道集』との結びつきを論じた。(19)

また、近藤喜博氏によって、流布本系伝本である東洋文庫本の翻刻が刊行された。(20)そこに付された論考で、本書の成立には上州地方に通じる者、とくに赤城系神人集団が関与したと想定し、「原神道集」を上州の赤城系唱導者がまとめ、それを安居院が修訂することで唱導の権威を期したとしている。近藤氏の論考は、成立論・諸本論・内容にまでおよぶものであり、『神道集』の名が示す「神道」の本質を「人間が苦悩の末に、神々に昇華してゆくプロセス」に見出し、縁起物語はそれを描いたものとした。このほかにも、真名本『曽我物語』との近似性や、上州の語り物との関連について具体的に言及するなど、[21]『神道集』研究に「東国の唱導」という視点を積極的に導入した。近藤氏の論考は、中世における神祇信仰と文芸との関わりや、その地域性を考える上で大きな示唆を与えるものであった。

このように、一九五〇年代から六〇年代前半にかけては、『神道集』の地方性・庶民性を村落社会との関係のなかで論じるものや、『神道集』に東国の唱導を見出すものなど、『神道集』研究にさらなる可能性を示したのである。

（3）一九六〇年代後半～一九七〇年代――文献学的方法論・教理へのまなざし

一九六〇年代半ば以降、精力的な活躍を見せたのは、村上学氏、福田晃氏らである。

村上学氏は『神道集』の本文研究を推進した。氏は『神道集』巻九「北野天神事」と、安楽寺本系の天神縁起との詳細な比較検討を行い、「北野天神事」は安楽寺本系統のなかでも黒川本を母体とし、そこへ他本の本文を挿入して形成されたことを明らかにした。[22]緻密な分析で他文献との関連が指摘されたことにより、『神道集』研究は広がりを見せる。

村上氏は続けて、古本系・流布本系諸本の本文整理と訓例索引の作成、[23]真名本『曽我物語』との同文一覧など、[24]『神道集』の本文理解に重要な業績を発表する。そして、それらの積み重ねから、古本系・流布本系の表現には差があり、流布本はより「合理化」された本文であることを主張した。(25) 村上氏の実証的な研究は、『神道集』の諸本関係や、他資料と交差する本文の様相を浮かび上がらせることとなった。

また、高橋伸幸氏によって、『日本書紀私見聞』など中世神道書類との同文関係が指摘された。(26) これは『神道集』の理解に、中世神道書への視座が必要であることを示した論考であった。

こうした文献学的な手法の一方で、民俗学的な立場から研究を進めたのは福田晃氏である。福田氏は諏訪明神に関する説話や上州関連の縁起を取り上げ、その背景にある信仰や伝承の基層から物語の発生を論じた。

一九七〇年代以降は、『神道集』の教理面にも徐々に光があてられるようになる。この頃、村上学氏、(27) 田嶋一夫氏(28)らによって『神道集』の神道説の一つである「権者・実者」についての論究がなされたが、教理面が本格的に取り上げられるようになるのは、もうしばらく後のことである。

この頃に刊行されたテキストは、貴志正造氏による東洋文庫本の現代語訳(29)と、近藤喜博氏・貴志正造氏による赤木文庫本の影印・索引があり、(30) とくに『神道集』研究の中心的伝本である赤木文庫本の影印が出版された意味は大きい。

このように、一九六〇年代後半から一九七〇年代にかけての業績は、『神道集』諸本における本文研究を中心としながら、同時に民俗学的アプローチや教理への視線など、さまざまな立場からの方法論が登場し、『神道集』研究をより活性化させた。

（4）一九八〇年代〜二〇〇〇年代以降――民俗学的方法論・教理理解の深化

一九八〇年代以降は、『神道集』研究も多様化の道をたどりはじめる。

一九七〇年代に引き続き、一九八〇年代初頭に精力的に論考を発表したのは福田晃氏である。福田氏は甲賀三郎譚、児持山縁起、赤城山縁起など、上信地方の縁起を中心に、実地踏査と資料分析を軸にした物語の生成論を展開した。これは縁起が発生する土壌となった信仰・伝承・風土、そして担い手である宗教者たちの足跡を丹念に掘り起こす作業だった。(31) さらに後年、『神道集』の唱導性に重点をおいた論考のなかで、本地物語を「神話」としてとらえ、神道縁起は祭祀儀礼の場で声に出して「ヨミ」あげられることによってこそ聖なる力を獲得したと主張した。(32)

一九八八年には、赤木文庫本の翻刻が『神道大系 文学編一 神道集』として刊行され、(33) 以降の研究の基本的な底本として定着することとなる。

一九八〇年以降は、徳田和夫氏、大島由紀夫氏による在地縁起との比較、(34) 黒田彰氏による真名本『曽我物語』や『平家打聞』との同文指摘(35)などがなされる一方で、教理面への理解が深められる。この頃には、中世の宗教物語に対する「中世神話(36)」という呼称も用いられるようになり、そうした風潮のなかで『神道集』を読み解き、中世神祇世界に位置づけようとする論考が次第に増えてきた。(37)

村上学氏は、精緻な本文分析から読み取れる『神道集』の習合論理に言及している。(38)『神道集』の神道論には、数々の矛盾や歯切れの悪い論理展開が見られるが、それは仏教がいかに在地の神祇信仰に対処し、利用するかという問題に直面した際の「苦汁に満ちた発想」だという。ここに村上氏は、「在地と等身大の高さに立つ編者」の視座を指摘している。氏の論考は、『神道集』内部の論理を読み解くことで、本書が東国の視点に立つものであることを明らかにした。

一九九〇年代から二〇〇〇年代以降には、渡辺匡一氏(39)、橋本章彦氏(40)、原克昭氏(41)、新井大祐氏(42)らによって教理面への論究が進められた。それは文学研究において神道資料の重要性が認知されてきたことと、何より中世神道研究のめざましい進展とともに、『神道集』研究の新しい潮流となった。それと同時に、大島由紀夫氏らによる上州を中心とした『神道集』関連の在地縁起の紹介と考察(43)や、福田晃氏による『神道集』編者の論究(44)など、これまでの『神道集』研究を継承・発展させる着実な成果が公刊された。

二〇二〇年には、最古写本である真福寺本の影印が『真福寺善本叢刊 中世神道資料集』として刊行された。(45)真福寺本は巻一・三・七のみの残存であるため、これまで巻一のみが『赤木文庫本 神道集』に掲載されていたが、本書によって三巻すべてが収録されることとなった。

このように、『神道集』は一九二〇年代に文学研究の俎上に載せられて以来、多くの論考が重ねられてきたのである。


以上、戦前から今日に至るまでの『神道集』研究史を概観してきた。蓄積された論考の多くは、後世の御伽草子に連なる本縁譚、たとえば「熊野権現事」「二所権現事」「諏方縁起」などを取り上げたものや、物語の成立論に関するものである。それは『神道集』の最大の特徴が物語縁起に見出されてきたことや、本書がおもに文学研究のなかで言及されてきたことなどが要因だと考えられる。しかし、今後はより広い視座で『神道集』をとらえていく必要があろう。教理面の解明は、『神道集』理解において不可欠なものであるが、物語研究に比べると不十分な感は否めず、今後もいっそうの深化がはかられるべきである。それによって『神道集』成立の基盤や、文化史的位置づけが可能になっていくはずである。

寺院資料をめぐる研究は、文学や歴史学、思想史等の各分野において、新出資料の紹介とともに飛躍的な進展をとげている。(46)とくに、宗教言説や物語生成の場としての儀礼空間とそのテキスト、(47)それらの営為を支える学僧たちの学問体系、(48)そして中世神道書に関する研究(49)は、『神道集』研究が活況を呈していた一九七〇～八〇年代に比べて大幅に発展し、中世文学研究において措定される宗教文芸の様相や範囲も大きく変容している。そうした現状を踏まえながら、あらためて本書を総体的に把握し直す姿勢が求められよう。

『神道集』を支える土壌には、地域伝承や物語をはじめとして、仏教教理、神道説、注釈活動、仏教儀礼の場の言説など、さまざまな層が幾重にも重なっている。つまり『神道集』は、中世の宗教文芸が必然的にはらむ重層性を顕著に体現している資料だと考えられるのである。仏と神の結びつきによって、中世的世界観は大きく広がった。人々の祈りは神々の姿をいかに変貌させたのか。その問いに対する答えの一つが『神道集』だといえる。本書とその周辺資料をたどることで、中世における宗教文芸生成の営みに迫りたい。

注

（1）『神道集』には、巻二「熊野権現事」に「神武天王四十二年壬寅ノ年ヨリ、今延文三年戊戌至テ、一千九百八十一年ナリ」（『神道大系文学編一 神道集』神道大系編纂会、一九八八年、三二頁）、巻五「日光権現事」に「天暦（応）二年ヨリ、今延文三年戊戌年マテハ五百五十四年ナリ」（同・一二七頁）、巻五「御神楽事」に「神武天王元年辛酉年ヨリ、今文和三年甲午年ニ至テ、二千四十七年ナリ」（同・一三七頁）などの記載があり、これをもっておおよその成立年代とされている。

（2）『神道集』編者を安居院流唱導者とみなして天台檀那流との関連性を考察する研究がある一方で、それを疑問視する見解もある。たとえば菊地良一氏は、『神道集』の縁起は「庶民的生活をそのまま表象した」素朴な本縁譚であり、それらは巫女や行者によって担われたため、『神道集』の「安居院作」の語には実証性がなく、本書はむしろ「修験道の山伏行者の唱導性に近いもの」だとしている。菊地良一「『神道集』の成立——その基盤と唱導性」（『日本文学』2・1、一九五三年一月）。また、小峯和明氏は、「安居院作」の表記は説経の名手として著名な安居院流の権威に仮託したものとみなしている。小峯和明「澄憲をめぐる」「その後の安居院——『烏亡問答鈔』から」（『中世法会文芸論』笠間書院、二〇一〇年）。本書の成立地については、京洛成立説と東国成立説の二説が唱えられており、京洛成立説は折口信夫「国文学の発生（第四稿）」（『古代研究 国文学篇』大岡山書店、一九二九年）、福田晃（「原神道集の成立」『神道集説話の成立』三弥井書店、一九八四年）、岡見正雄（『神道大系 文学編一 神道集』解題）などがある。福田氏は二段階成立説を唱え、「原神道集」を東国・上州との経路にあった安居院流編者による鎌倉時代後期の成立とし、現『神道集』を京洛安居院での文和・延文年間だと推定している。岡見氏は二段階成立説については否定しながらも、京洛の成立は自明のこととしている。東国成立説は、村上学「神道集」（『岩波講座日本文学と仏教』8、岩波書店、一九九四年）、渡辺匡一「神道集」（日本仏教研究会編『日本仏教の文献ガイド』法蔵館、二〇〇一年）などである。村上氏は『神道集』の特異な表記法と、唱導句等を多量に共有する真名本『曽我物語』などに東国性が認められること、本書の神道論には在地と等身大の編者の目線が感じられることなどから、本書は東国の視座で編まれたものと論じた。渡辺氏も、『神道集』所収縁起は北関東の神社のものが多いこと、諏訪関連の縁起が四話収められていることを論拠に、北関東から信濃国周辺での成立を想定している。

（3）筑土鈴寛氏は、安居院が天台檀那流に属すこと、『神道集』の教理的性格は檀那流のものとみなされる（天台関係の経論章疏が多い、権者・実者の論が『法華経』の権実不二の思想を根拠としている、日吉神道の影響を蒙っていない）ことなどから、編者は関東地方に住むか、関東の消息に通じる天台檀那流のものと論じた。筑土鈴寛「神道集と近古小説——本地物研究の具体的方法」（『日本演劇史論叢』巧芸社、一九三七年）。

（4）村上学「真字本管理者についての一臆測」（『曽我物語の基礎的研究』風間書房、一九八四年）、大島由紀夫『中世衆庶の文芸文化——縁起・説話・物語の演変』（三弥井書店、二〇一四年）、福田晃『安居院作『神道集』の成立』（三弥井書店、二〇一七年）など。

（5）諸本については、近藤喜博『神道集 東洋文庫本』（角川書店、一九五九年）解題、『神道大系 文学編一 神道集』（前掲注1）解題を参照。

（6）阿部泰郎・大東敬明編『真福寺善本叢刊 中世神道資料集』（臨川書店、二〇二〇年）に影印が収録。なお、近藤喜博・貴志正

造『貴重古典籍叢刊 赤木文庫本 神道集』（角川書店、一九六八年）に巻一のみ影印が収録。真福寺本はもっとも書写年代が古い伝本だが、現存するのは巻一・三・七のみである。巻一・三の奥書には、「永享五暦容平季秋之天於尾陽朝日寺書写了　権律師快叡筆」（巻三）等とあり、永享五年（一四三三）に尾張の朝日寺で快叡が書写したものであることが知られる。一方で巻七は、外題に「神主禅覚」と書写者と思しい名が記されているため、真福寺本は二種の写本が混交したものだと考えられている。詳しくは、『真福寺善本叢刊 中世神道資料集』の原克昭氏による「『神道集』解題」を参照。

（7）『貴重古典籍叢刊 赤木文庫本 神道集』（前掲注6）、『神道大系 文学編一 神道集』（前掲注1）。

（8）近藤喜博・渡辺国雄『神道集 河野本』下（角川書店、一九六二年）に収録。

（9）横山重『神道集』（大岡山書店、一九三四年）。彰考館本は江戸後期の国学者、小山田与清（一七八三〜一八四七）による写本で、巻一・二は流布本系、巻三以下は赤木文庫本を書写している。本書は小山田与清による欄外注や訓などの書き入れがあること、巻一の扉に『神道集』に関する覚え書きがあること、巻一〇奥書に赤木文庫本書写者の良順の伝が記されていることなどが注目される。

（10）『神道大系 文学編一 神道集』および『貴重古典籍叢刊 赤木文庫本 神道集』による。本文の欠落・誤記・訓点等は諸本によって補訂したところがあり、句読点を私に付して、通行の字体にあらためた。

（11）『神道集 東洋文庫本』（前掲注5）。

（12）『神道集 河野本』上・下（前掲注8）。

（13）研究史については、田嶋一夫「『神道集』研究史 附・『神道集』研究文献目録」（『解釈と鑑賞』52・9、一九八七年九月）、渡辺匡一「神道集」（前掲注2）などがある。本稿は両氏による整理も参考にした。

（14）筑土鈴寛「諏訪縁起・甲賀三郎――安居院作神道集について」（『国語と国文学』6・1、一九二九年一月）。

（15）筑土鈴寛「神道集と近古小説」（前掲注3）。筑土氏は五〇編を内容で大きく「神道論的なるもの」「垂迹縁起的なるもの」と二分類し、さらに前者を「玄義的なるもの」「形文篇的なるもの・神器・神宝の玄義的説明」「元初神・祖神の問題」「禁誡問題」と四分類、後者を「物語分子がなく、やや公式的縁起に近いもの」と「物語的縁起」に二分類した。

（16）柳田国男「甲賀三郎の物語」（『文学』8・10、一九四〇年一〇月）。

（17）横山重『神道集』（前掲注9）。

(18)菊地良一「『神道集』の成立」(前掲注2)。

(19)菊地良一「山間集落にそだった中世説話――『神道集』上野国の神神」(『文学』23・11、一九五五年一一月)、同「説話――『神道集』における神の協同連帯性について」(『解釈と鑑賞』34・3、一九六九年三月)、同「中世説話における地方的性格」(西尾光一・貴志正造編『中世説話集 古今著聞集・発心集・神道集』角川書店、一九七七年)、また、『神道集』を含む菊地氏の唱導文芸論は、『中世の唱導文芸』(塙書房、一九六八年)にまとめられている。

(20)『神道集 東洋文庫本』(前掲注5)。

(21)近藤氏はこの後も東国の唱導に関連する論考を発表している。近藤喜博「上州長柄の橋――神道集と東国の唱導」(『文学・語学』一六、一九六〇年六月)、同「神道集と東国の唱導」(『神道宗教』二二、一九六〇年七月)。

(22)村上学「神道集第九「北野天神事」ノート(一)」(『名古屋大学国語国文学』一五、一九六四年一一月)、同「神道集第九「北野天神事」ノート(二)――その「文学」性」(『名古屋大学国語国文学』一七、一九六五年一一月)。

(23)村上学「神道集古本系統諸本素描――神道集の本文整理(一)」(『静岡女子短期大学研究紀要』一三、一九六七年三月)、同「四部合戦状本平家物語訓例索引稿(一)――神道集本文の整理(二)」(『静岡女子短期大学研究紀要』一四、一九六八年三月)、同「四部合戦状本平家物語訓例索引稿(二)――神道集本文の整理(三)」(『静岡女子短期大学研究紀要』一五、一九六三年三月)、同「神道集流布本系諸本系統化試論(一)」(『静岡女子短期大学研究紀要』一六、一九七〇年三月)、同「神道集流布本系諸本系統化試論(2)――神道集本文の整理(3)」(『静岡女子短期大学研究紀要』一七、一九七一年三月)、同「神道集(古本系統)訓例索引稿――神道集本文の整理(四)」(『静岡女子短期大学研究紀要』一八、一九七二年三月)、同「神道集(古本系統)訓例索引稿(二)」(『静岡女子短期大学研究紀要』一九、一九七三年三月)。

(24)村上学「真字本曽我物語・神道集同文一覧」(角川源義編『妙本寺本曽我物語』角川書店、一九六九年)。

(25)村上学「神道集の序章試稿――表現されざるものの意味」(『国文学研究資料館紀要』一、一九七五年三月)。

(26)高橋伸幸「『神道集』本文の研究――『類聚既験抄』〈神祇十〉との関係を廻って」(『皇学館論叢』5・1、一九七二年二月)、同「『神道集』本文の研究――『日本書紀私見聞』(春瑜本)との関係を廻って〈上〉」(『伝承文学研究』一五、一九七三年一二月)、同「『神道集』本文の研究――『日本書紀私見聞』との同文関係を廻って〈下〉」(『伝承文学研究』一八、一九七五年一一月)。

(27)村上学「神道集研究の課題——基礎面から神道集編成の方法論をどうとらえられるかという発言メモ」(『日本文学』15・3、一九六六年三月)、同「神道集とお伽草子——そのイントロダクション」(『日本文学』二六、一九七七年二月)。
(28)田嶋一夫「神道集の評価について——その教理的側面からの一考察」(『日本文学』20・11、一九七一年二月)。
(29)貴志正造『神道集』(東洋文庫、一九六七年)。
(30)『赤木文庫本 神道集』(前掲注6)、同『解説・索引編』。
(31)福田晃『神道集説話の成立』(前掲注2)。
(32)福田晃『神話の中世』(三弥井書店、一九九八年)。また、福田氏は東洋文庫『神道集』(前掲注29)の解題でも、『神道集』の本文表現について触れている。
(33)『神道大系 文学編一 神道集』(前掲注1)。
(34)徳田和夫「神道集「那波八郎大明神事」の形質——附・辛科大明神御縁起」の紹介と翻刻」(『国語国文論集』二九、一九八四年三月)、同「神道集——神々の物語」(『解釈と鑑賞』58・12、一九九三年一二月)、同「本地物語の基層」(『岩波講座日本文学と仏教』8、岩波書店、一九九四年)、大島由紀夫「神道集所収「上野国一宮縁起」考——在地縁起との比較を通して」(『説話文学研究』二三、一九八八年六月)、同「『神道集』にみる上野国の神々」(『解釈と鑑賞』58・3、一九九三年三月)など。
(35)黒田彰「神道集、真名本曽我と平家打聞」(『愛知県立大学文学部論集(国文学科編)』三五、一九八六年一二月)。『神道集』と『平家打聞』に関しては、高橋伸幸「『神道集』本文筆録年次に関する問題——『平家打聞』との関係を廻って」、村上学「平家打聞をめぐって——回顧と展望」(両論考ともに『神道大系 文学編一 神道集』の月報収載)がある。
(36)「中世神話」という術語は、藤井貞和氏、長谷川政春氏らによって、すでに一九七〇年代に用いられている。藤井貞和「御伽草子における物語の問題——中世神話と語り」、長谷川政春「性と僧坊——稚児への祈り」(両論考ともに『解釈と鑑賞』39・1、一九七四年一月)。なお、本地物語を「中世神話」として論じたものに、徳田和夫「中世神話」(『解釈と鑑賞』45・12、一九八〇年一二月)、古橋信孝「中世神話としての寺社縁起——『神道集』「三島大明神事」を中心にして」(『解釈と鑑賞』47・3、一九八二年三月)など。また神祇世界との交渉から生まれた物語のうち、神道書のそれに焦点をあてた、山本ひろ子『中世神話』(岩波新書、一九九八年)がある。

（37）津田孝司「『神道集』の神祇観をめぐって――権者神、実者神を中心として」（『立命館文学』四三五・四三六、一九八一年一〇月）、榎本純一「『神道集』と神道思想」（『論究日本文学』四五、一九八二年五月）、中村生雄「〈苦しむ神〉の身体論」（『日本文学』二〇、一九九二年一二月）など。
（38）村上学「神道集」（前掲注2）。
（39）渡辺匡一「『神道集』と諏訪明神――王権、肉食をめぐって」（『むろまち』二、一九九三年一二月）、同「『神道集』の神々――縁起を規定する神道論の検討」（『解釈と鑑賞』60・12、一九九五年一二月）、同「『神道集』における夫婦――後半部の神道論をめぐる一考察」（菅原信海編『神仏習合思想の展開』汲古書院、一九九六年）。
（40）橋本章彦「『神道集』の成仏思想――「出羽々黒権現事」を中心に」（『唱導文学研究』第一集、三弥井書店、一九九六年）、同「『神道集』と天台の論議――観音唱導の表現をめぐって」（『河南論集』三、一九九六年一二月）、同「『神道集』における神々の活動と天台性悪法門――いわゆる殺生祭神の問題との関わりから」（『仏教文学とその周辺』和泉書院、一九九八年）、同「『神道集』の浄土信仰――「越中立山権現事」を中心にして」（『唱導文学研究』第二集、三弥井書店、一九九九年）。
（41）原克昭「『神道集』「熱田大明神事」小考――特に本地説を中心として」（『伝承文学研究』四六、一九九七年一月）、同「「源大夫説話」とその周辺――熱田をめぐる中世日本紀の一齣」（『説話文学研究』三二、一九九七年六月）。
（42）新井大祐「『神道集』における三貴子、蛭児生誕についての一考察」（『神道宗教』一九〇、二〇〇三年四月）、同「「蟻通明神縁起」の系譜」（『日本文化と神道』二、二〇〇六年二月）。
（43）大島由紀夫編著『伝承文学資料集成6 神道縁起物語（二）』（三弥井書店、二〇〇二年）、同『中世衆庶の文芸文化』（前掲注4）、青木裕子「新出資料 後藤本「伊香保縁起」「赤城大明神縁起」「水沢縁起」」（『伝承文学研究』六七、二〇一八年八月）など。
（44）福田晃『安居院作『神道集』の成立』（前掲注4）。
（45）『真福寺善本叢刊 中世神道資料集』（前掲注6）。
（46）国文学研究資料館編『真福寺善本叢刊 両部神道集』（臨川書店、一九九九年）、同『真福寺善本叢刊 中世日本紀集』（臨川書店、一九九九年）、『真福寺善本叢刊 中世神道資料集』（前掲注6）、『続神道大系 論説編 習合神道』（神道大系編纂会、二〇〇六年）、中山一麿監修・伊藤聡編『寺院文献資料学の新展開 第十巻 神道資料の調査と研究Ⅰ』（臨川書店、二〇二一年）ほか同シリーズ、後藤昭雄監修『天野山金剛寺善本叢刊』第一期・第二期（勉誠出版、二〇一七年・二〇一八年）など。

(47)『守覚法親王の儀礼世界――仁和寺蔵紺表紙小双紙の研究』（勉誠社、一九九五年）、国文学研究資料館編『真福寺善本叢刊 法儀表白集』（臨川書店、二〇〇五年）、小峯和明『中世法会文芸論』（笠間書院、二〇〇九年）、ルチア・ドルチェ・松本郁代編『儀礼の力――中世宗教の実践世界』（法藏館、二〇一〇年）、阿部泰郎編『中世文学と隣接諸学2 中世文学と寺院資料・聖教』（竹林舎、二〇一〇年）、阿部泰郎『中世日本の宗教テクスト体系』（名古屋大学出版会、二〇一三年）、舩田淳一『神仏と儀礼の中世』（法藏館、二〇一一年）、小峯和明監修・原克昭編『日本文学の展望を拓く3 宗教文芸の言説と環境』（笠間書院、二〇一七年）、近本謙介編『ことば・ほとけ・図像の変容――法会・儀礼とアーカイヴ』（勉誠出版、二〇二二年）、柴佳世乃『仏教儀礼の音曲とことば――中世の〈声〉を聴く』（法藏館、二〇二四年）など。

(48) 牧野和夫『中世の説話と学問』（和泉書院、一九九一年）、山崎誠『中世学問史の基底と展開』（和泉書院、一九九三年）、『説話論集3 和歌・古注釈と説話』（清文堂、一九九三年）、三谷邦明・小峯和明編『中世の知と学――〈注釈〉を読む』（森話社、一九九七年）、『説話の講座3 説話の場――唱導・注釈』（勉誠出版、一九九三年）、原克昭『中世日本紀論考――註釈の思想史』（法藏館、二〇一二年）、鈴木英之『中世学僧と神道――了誉聖冏の学問と思想』（勉誠出版、二〇一二年）など。

(49) 伊藤正義「中世日本紀の輪郭――太平記における卜部兼員説をめぐって」（『文学』40・12、一九七二年一〇月）、山本ひろ子『変成譜――中世神仏習合の世界』（春秋社、一九九三年）、同『異神――中世日本の秘教的世界』（平凡社、一九九八年）、伊藤聡・遠藤潤・松尾恒一・森瑞枝編『日本史小百科 神道』（東京堂出版、二〇〇二年）、伊藤聡『中世天照大神信仰の研究』（法藏館、二〇一一年）、同『神道の形成と中世神話』（吉川弘文館、二〇一六年）、伊藤聡編『中世文学と隣接諸学3 中世神話と神祇・神道世界』（竹林舎、二〇一一年）、伊藤聡・門屋温監修『中世神道入門――カミとホトケの織りなす世界』（勉誠出版、二〇二二年）など。

第二章　『神道集』の本文表現と仏教儀礼

はじめに

『神道集』には、物語、本地説、神道説、注釈など、神祇にまつわるさまざまな内容が収められている。それらは本書が多彩な要素を取り込んで成立したことの証左であり、中世の宗教文芸の重層的な生成過程を示すものでもある。ただし、これまではそれぞれ個別の問題としてとらえられることが多く、断片的、一面的な言及になりがちであった。とくに物語要素のない章段は検討の埒外になる傾向があり、信仰の内情を示す神道説や、本地讃歎の詞章を含む本地説への言及は決して多くはなかった。しかし、本書の性格を明らかにするためには、これまで等閑視されてきた部分も含めた総体的なアプローチが必要となる。何より『神道集』は諸社の本地を明かすことを主眼としており、本地に関する記述は無視できない重要な問題である。

このような『神道集』の諸要素を包括するものとして、本章では仏教儀礼の言説という視点を介在させて考察したい。人々の共感を呼ぶ愛別離苦の物語が、唱導の手段として用いられたことは想像に難くない。しかしながら、具体的な表現や語句レベルでの検討はあまり行われてきていない。とくに物語以外の章段はそれが顕著で、本地仏の讃歎が中心となっている章段は、ほとんど顧みられてこなかったのである。

そのため、本章では本地説を中心に本文表現の分析を行い、『神道集』が仏教儀礼の言説に繋がる性質を持つことを明らかにする。近年、法会や儀礼の場とそこで生成される言説の研究は、大きく進展している。[1] かかる状況に照らし合わせながら、あらためて本書の位置を確認したい。

一　本地説の形式と修辞

『神道集』に見られる本地説の記述には、次のような表現上の特徴が認められる。[2]

（一）垂迹・本地の列記
（二）対句表現を中心とする修辞
（三）経証（経典引用による証明）

これらは仏教儀礼の言説に連なる特色である。たとえば法会の言説には、表白・願文・諷誦文のような修辞を凝らした漢文体のテキストや、説経のような自由な語り口の言辞とがあることが知られている。[3] 前者は儀礼のなかでテキストが読み上げられるもの、後者は草案類（説草）をもとに聴衆に向かって当意即妙に口演されるものだった。両者は法会儀礼の一環として深く影響し合っており、[4]『神道集』にはどちらの文体も含まれている。なかでも本地説の記述は、表白・願文といった表白体の儀礼文に通じていると考えられる。ここでは、先行研究であまり言及されていない本地説の本文表現に着目して、前述の三点を切り口に、『神道集』が法会の言説に通底することを論じたい。

（一）垂迹・本地の列記

『神道集』は神々の本地説を展開する際に、まず垂迹の神々を示し、続けて本地となる仏菩薩の名を明かしてその功徳を讃歎している。次に掲げる巻三「上野国九ヶ所大明神事」は、その典型的な例の一つであり、章段の全体にわたって本地説が具陳されている。

一ノ宮ヲハ（抜）鉾ノ大明神ト申ス。俗体弥勒菩薩也。此ノ仏ハ是減劫第五ノ如来、当来三会ノ教主也。女体ハ観音也。此ノ仏ハ是大悲闡提ノ大菩薩、能施無畏ノ大士也。此御神ハ、金光明経ノ体タ也。二ノ宮ヲハ赤城ノ大明神ト申。惣シテ三所御在ス。大沼ハ本地千手也。妙覚高貴体タハ、寂光ノ都静ナレトモ、遍応法界ノ光ハ、娑婆ノ塵ニ交。善巧方便ノ故ニ、極果ヲ押ヘ、利益衆生ノ故ニ、身ヲ等覚ニ息メ給ト。（中略）五ノ宮ヲハ若伊香保ノ大明神ト申。此モ本地ハ千手観音也。此仏ハ是足細杖ノ色翻シテ、七宝荘厳ノ萼ヲ開キ、鉄湯波ヲ留テ、八功徳水ノ流ヲ澄ス故、釈迦ハ大慈大悲ト讃給ヘハ、菩薩ハ令発無上心ト演ヘ給ヘリ。乃至鬼畜修羅人天善趣モ利益ヲ蒙ラスト云事ナシ。[5]

一宮は抜鉾大明神で、その俗体は弥勒菩薩・女体は観音菩薩、二宮は赤城大明神で、三所のうち大沼は千手観音というように、垂迹の名を示した後にそれぞれの本地を称える文言が並べられている。また点線部には、対句が意識されていることも看取できよう（対句については後述）。

これは神仏を賛仰する際の基本的な形式だった。たとえば、『神道集』と同時期に編まれた『拾珠鈔』第九「新日吉法施」に見える、仏事の場に神仏を招請する「勧請」の文である。

当講経論義ノ座、先ニ奉レ讃二嘆シ七社権現之御本地一ヲ。（中略）是レ大宮・聖真子両権現御本地、釈迦・弥陀二尊ノ別徳也。次ニ二宮権現御本地、薬師如来是也。本初発心ノ之昔、志二シ穢悪濁世之利生一、成最正覚ノ之今、果二ス像法転時ノ之願意一ヲ。衆病悉除ノ之誓、聞二クニ願文一ヲ、有レリ憑。身心安楽之益、仰二クニ本誓一ヲ、無レ疑。客人・八王子ハ、共ニ是レ観自在尊ノ之垂迹。一十一面ハ客人ノ宮、千手千眼ハ八王子也。世界亘二トモ十方一ニ、深二クシ契ヲ於娑婆忍界之境一ニ、菩薩在二トモ三世一ニ、運二フ思ヲ於大非闡提之誓一ニ。結縁深キ故ニ、感応速ニ至ル。機感厚カ故ニ、定業必ス転ス。可レ思、可レ知。(6)

日吉社の大宮と聖真子は釈迦如来と阿弥陀如来、二宮権現は薬師如来、客人・八王子は観音菩薩（十一面・千手）というように、垂迹に続けて本地仏の名と功徳とが記されており、『神道集』と同じ形式が踏まえられている。なお、『神道集』でこうした詞章は、口頭的な語り口を持つ神々の本縁譚とともに記されることもあった。一例として、巻二「熊野権現事」の冒頭部をあげる。

所以ニ十二所権現内ニ、先三所権現ト申スハ、証誠権現ハ、本地アミタ如来ナリ。両所権現、中ノ御前薬師、西ノ御前ハ観音ナリ。五所王子ノ内ニ、若一王子ハ十一面、禅師ノ宮モ十一面、聖ノ宮ハ龍樹ナリ。児ノ宮ハ如意輪ナリ。子守ノ宮ハ請観音ナリ。(7)

まずは熊野の神々とその本地仏を掲げてから、御伽草子「熊野の本地」で知られる五衰殿の女御の物語が語られている。(8)「上野国九ヶ所大明神事」のように、一つの章段すべて、あるいは「熊野権現事」のように章段の一部分だけという差はあるものの、これらの事例からは『神道集』全体が本地の称揚を重要なテーマとしていること、そうした本文が宝前で宣読される儀礼文と同種のものであることが確認できる。

(二) 対句表現を中心とする修辞

次に、『神道集』の修辞について示したい。先にも触れたように、本地讃歎の詞章が並ぶ本地説には、対句表現が顕著に認められる。たとえば、巻六「白山権現事」において、白山権現の御子神「四郎王子」の本地である文殊菩薩の叙述には、対句表現が多用されている。本文を抜粋して掲げると、以下のとおりである。

十方国土ノ諸仏ハ、以二此菩薩一ヲ覚母トシ、
三世常ノ住如来ハ、此ノ大士ヲ以テ導師トシ給ヘリ。
釈迦ニハ九代ノ師、
弥陀ニハ三昧ノ母タリ。
霊鷲山ニ住シテハ、幼稚ノ龍女ヲ化シテ円頓速成ヲ顕シ、
如来果ニ在シテハ、老雲州ノ浄名ニ対シテ方便応作ノ病ヲ訪ヒ、
故ラニ
等覚無垢ニ留テ、応ヲ十方ニ垂レ、

誓テ妙覚ニ登ラスシテ、物ヲ九界ニ利ス。
印土ニ遊テハ、妙音大士ト位ヲ諍ヒ、
漢国ニ遊テハ、道超禅師ト膝ヲ交ヘテ、
或ハ真容ヲ現シ、
或ハ霊像ヲ示ス。
乞《カイ》句ト成リ、
小児ト成ル。
随縁方便ノ利益称計スヘカラス。(9)

十方国土の諸仏はこの菩薩を以て覚母とし、三世常住の如来はこの大士を以て導師とし給へり、という文言から始まり、いくつもの対句表現を重ねながら文殊菩薩を称揚している。ただし、これらは必ずしも正確な対句ではなく、語順が整わない箇所もあり、おそらく書写の過程で誤写等により崩れたものと考えられる。『神道集』にはこのようなやや崩れた対句が多く見られる。

なお、右に引用した「白山権現事」の対句部分は、巻三「武蔵六所明神事」の一宮・小野大明神の叙述と大きく重なっていることから、両者が共通して依拠する要文集のようなものがあったと推測される。周知のとおり、法会の場で読誦される表白・願文類は、対句の修辞を凝らした漢文体で書かれることに特色があり、(10)『神道集』の本地説も同様の修辞によって構成されているのである。

（三）経証（経典引用による証明）

第三の特徴は、経証の提示である。[11]経証とは、教理の説明の際に仏典を引用して論拠とすることをいう。『神道集』では、本地の功徳を説く際に経証が示されている。

たとえば巻四「越中立山権現事」では、浄土三部経（『阿弥陀経』『双巻経』『大経』）を次々と引用しながら、本地・阿弥陀如来（「無辺光仏」）の功徳を掲げる。

> 抑越中ノ国ノ一ノ宮ヲハ、立山権現ト申ス。御本地ハ阿弥陀如来是也。（中略）二社ハ本地無辺光仏也。（中略）即阿弥陀経ニハ、六方ノ如来ノ舌相ヲ出シテ此義ヲ証シ、双巻経ニハ、十四仏国ノ諸仏ヲ差シテ其旨ヲ顕ハス。大経ノ下ニ云、仏告阿難、無量寿仏光接。十方世界無辺不可思議、諸仏如来莫不称嘆。於彼東方恒沙仏国、無量無数諸仏菩薩衆、皆悉往詣無量寿仏所恭敬供養ト云ヘリ。[12]

経典の引用は仏法を説く時に広く見られる基本的な方法で、鎌倉最末期成立の『説経才学抄』では、説経を構成する三処（経論釈処・訓釈処・因縁処）のうちの「経論釈処」に、経文の節略や取意文があげられている。[13]『神道集』でも随所に確認できるが、とくに本地説や神道論の記述において著しく、経証を用いて論を形成する学僧たちの手法がとられている。

このように『神道集』の本地説は、（一）から（三）を複合的に組み込みながら構成されており、それらはいずれも法会の言説に見出せる要素である。このことから『神道集』の本地説は、法会の言説、とくに表白や願文などの儀礼文に類する表現を持つことが知られよう。

それに関連して、『神道集』に収載される神々の本縁譚や祭事の由来譚が、説経にともなう因縁・譬喩を思わせる口頭的な語り口であることも看過できない。[14] 鎌倉末期の『法則集』[15] からは、当時の仏教儀礼において表白・願文以下の一連の儀礼の後に、説経が行われたことがうかがえる。[16] つまり、『神道集』の本地説や本縁譚における表現は、どちらもその淵源を法会の言説に求めることができるのである。

これまで『神道集』は、各章段の内容によって「物語的縁起」「公式的縁起」などの呼び方で分類・言及されてきた。[17] それゆえに、それぞれ別個に論じられる傾向にあったが、仏教儀礼の言説という視点を介在させることで、互いに連関するものとして総体的に認識することが可能になるのである。[18]

二　本地説の文言と法会資料

『神道集』の本地説における表現を確認したところで、そこで使用されている文言も、法会資料に見出せることを指摘しておきたい。

現在、東京都府中市に鎮座する大国魂神社の縁起である巻三「武蔵六所明神事」（以下、「六所明神事」）では、一宮から六宮までの本地説が前述の形式で綴られている。なかでも紙面が割かれるのは、四宮の「秩父ノ大菩薩」で、そこには本地「毘沙門天王」に関する長大な文言が経文の引用として掲載されている。ここに安居院の聖覚が編んだとされる『転法輪鈔』（金沢文庫保管本[19]）と近似する内容が認められるのである（表1参照）。

『転法輪鈔』は、表白や経典の要文を類聚した大部の唱導文献である。[20] 表1からは、『神道集』と『転法輪鈔』が、『毘沙門天王経』『大乗毘沙門功徳経』『毘沙門天王功徳経』などの経典から、ほぼ同じ箇所を引用していることがわかる。[21]このように『神道集』の本地説では、法会の資料と通底する文言が用いられているのである。[22]『転法輪鈔』を含む安居院流の唱導資料は、何段階にもわたる抜書や類聚を経て再利用され、地域や宗派を超えて流布したという。[23]『神道集』と『転法輪鈔』の本文には少なからぬ差異があり、両者の間に直接的な関係はうかがえないが、[24]唱導書に連なる文言を収載している事実からは、『神道集』が仏教儀礼の言説と近い世界で編まれたことが推察できるのである。

表1　『神道集』巻三「武蔵六所明神」・『転法輪鈔』本文対照表

巻三「武蔵六所明神事」四宮・秩父大菩薩	**金沢文庫保管本『転法輪鈔』「毘沙門天」**
〔a〕毘沙門天王経ニ云、千倶胝夜叉、持念ノ者ヲ衛護シテ、能諸ノ勝願ヲ満シテ、諸悪趣ヲ解脱ス。若毘沙門ヲ見奉レハ、倶尾羅財施、大智恵ヲ獲得ス。寿命ハ倶胝歳ト云。[25]	〔イ〕仏説毘沙門天王経云（中略）千倶胝夜叉　擁護持誦者能満諸勝願　解脱諸悪趣　若見毘沙門　倶尾羅《クシラ》財施　獲得大智恵　乃至天眼通　寿命倶胝歳（「利益安楽事」）
〔b〕大乗毘沙門功徳経ニ云、我レ昔阿耨菩提ヲ得タリシニ、名ヲハ毘頭盧相如来ト云テ、衆生ヲ度セン為ニ、観音ノ身ト毘沙門ト身ヲ現シテ、一切ノ貧窮ノ衆生ヲ利益シツ、無量ノ福徳智恵ヲ得シメテ、命終ニハ西方浄土ニ生ル、事ヲ得ツ、仏道ヲ成スル事ヲ得ト云ヘリ。	〔ロ〕大乗毘沙門功徳経云（中略）為度三界衆生、現観音身毘沙門○身（中略）於一切有情令得無量福徳智恵利根弁才及官位、利益一切貧乏類、命終之後生西方浄土、得成仏道。（「誦持天王名字」）
〔c〕毘沙門天王功徳経ニ云、仏竹林精舎ニ在セシ時、多門天阿難ニ語言ハク、我ハ従レ此北方ニ七万八千里ヲ過テ国アリ。名ヲハ普光ト云。其ノ中ニ一ノ城アリ。吠尸羅摩那大城ト云。八十万億那由他ノ大福寿アリ。毎日三時ニ此福ヲ焼、我福ヲ欣。五種ノ功徳アリ。一ニハ父母孝	〔ハ〕仏説毘沙門天王功徳経云、毘沙門天王告阿難、我従此北方過七万八千里者薗名曰普光。有城、名曰吠室羅摩那大城。有八十億那由佗大福聚。毎日三時焼此福。若有人欲得我福、持五戒三帰。為無上菩提願求決定能与得成就一切。於毘沙門所願可

養ノ為ニ願ヒ、二功徳善根ノ為ニ願ヒ、三ハ国土豊饒ノ為ニ願、四ハ一切衆生ノ為ニ願、五ハ無上菩提ノ為ニ願ヘシ。若有レ人、此ノ五種ノ心ヲ除テ願テ、不レ可レ得ニ此功徳一ヲ、設ヒ死苦ヲハ受給ト云フ共、貧窮ヲハ受ヘカラスト云ヘリ。	有五種。一為父母養願、二為功徳善根、三為国土豊饒、四為一切衆生、五為無上菩提。可願若有人雖受死苦不可受貧苦。衆苦之源不如貧苦。(「成就衆生類」)
〔d〕或所ニ云、若有ニ衆生一、我有ト知ラン者ノハ、亦我名ヲ聞カン者ノハ、常ニ其人ニ随逐シテ、眼精ヲ守カ如クナラン。乃至十八ノ泥利ニ堕セスシテ、終ニ菩提ノ道ヲ得シメン。	〔ニ〕毘沙門多聞宝蔵天王神妙陀羅尼別行儀軌(中略)若聞我名者、知有者、我当於是人辺左右、如護眼精、如護命。令無諸悪者悩乱。(「利益五濁四衆事」)
〔e〕大乗毘沙門功徳経ニ云、十万八千ノ眷属ヲ将テ、諸ノ衆生ヲ覆護シテ、種々ニ功徳ヲ得セシム。	〔ホ〕大乗毘沙門功徳経云(中略)将十万八千眷属、毘沙門天王覆護衆生、消滅一切災難病衆生、消滅一切災難病患及百八煩悩、令得阿耨〇菩提。(「誦持天王名字」)
〔f〕大乗毘沙門功徳経ニ云(中略)又若善男子善女人有テ、清浄ニシテ而天王ノ名字ヲ誦持セハ、一時ノ間ニ持テ、無量ノ罪業及ヒ諸ノ障難病患ヲ滅シテ、無量ノ自在ヲ得ント云ヘリ。	〔ヘ〕大乗毘沙門功徳経云、若有善男子善女人、心清浄而読持天王名字、於一時間消滅無量罪為諸災難病患、得無量自在云々。(「誦持天王名字」)
〔g〕復次ニ若行者有テ、我カ形儀ニ於テ造ラン事、芥子ノ如クニモ及ヒ名ヲ持タン者ノハ、六ハラ蜜ノ行具足セシメン。此ノ人ハ一切世間ノ中ニ希有ニシテ、而上ヘ上有ル事無ケン。	〔ト〕若行者我像造、如芥子及持是経巻、於当知我通諸仏之境界而令満足六波羅密行。是人一切世間出世間□令希有而無有上云々。(「造像利益事」)

三　『神道集』の文章形成

ここからは『神道集』内部へと目を転じて、章段同士の関係性へ焦点をあてたい。とくに「六所明神事」と、それに続く「上野国九ヶ所大明神事」（以下、「九ヶ所大明神事」）との同文関係に注目し、『神道集』がどのように文章を作成しているのかを考察する。

本地説を中心に展開する「六所明神事」は、『神道集』のほかの章段との同文的章句が多い。それを対照したものが、表2である。すると、とりわけ「九ヶ所大明神事」と共通していることがわかる。なかでも興味深いのが、六所明神の三宮・観音菩薩における同文的章句である。

表2　「武蔵六所明神事」と同文的章句を含む章段

六所明神	本地	同文的章句をふくむ章段
一宮（小野大明神）	文殊菩薩	「九ヶ所大明神事」「白山権現事」
二宮（小河大明神）	薬師如来	「九ヶ所大明神事」「春日大明神」「矢射子大明神事」
三宮（火河大明神）	観音菩薩	「九ヶ所大明神事」「象王権現之事」
四宮（秩父大菩薩）	毘沙門天	「春日大明神」
五宮（金讃大明神）	弥勒菩薩	「九ヶ所大明神事」「白山権現事」「二所権現事」
六宮（椙山大明神）	不動明王	「白山権現事」

まずは、「六所明神事」の三宮から該当箇所を抜粋する。

三ノ宮火河大明神ト申ス。本地ハ観音也。（中略）凡【[1]此ノ仏ハ是大悲闡提ノ大菩薩、能施無畏ノ大士也。】過去ニ正覚ヲ成シテハ、正法明如来ト号ス。未来ニ亦成仏シ給ナハ、普光功徳ト云ハン。【[2]妙覚高貴ノ体ハ、寂光ノ都ニ静ナレトモ、遍応法界ノ光ヲハ、娑婆ノ塵ニ交ヘ玉フ。善巧方便ノ故、極果ヲ押ヘ、利益衆生ノ故ニ、身ニ等覚ヲハ休ム。】【[3]久遠劫ノ間、未来際ヲ尽シ、永ク不成仏ノ願ヲ発シテ、断善闡提ノ輩ニ伴シメ給フ。此ハ々レ亦何ノ故ソヤ、我等衆生ノ為也。法相宗ノ人師判シテ云、大悲ノ菩薩ニハ、成仏ノ理リ無シ。有情成仏セサルカ故也ト】知ヘシ哉。直ノ成仏ト得レル意哉。【[4]倩此文ノ意ヲ案スルニ、渡《涙イ》事速クシテ留マラス。何ナル菩薩ナレハ、闡提ノ願ヲ発シテ、何ナル我等ナレハ、彼ノ恩徳ヲ報セサルヤ。】【[5]利物ヲ本懐トシテ、遮《退》テ地獄ニ往キ、抜済心深クシテ、鎮ニ西方ニ在ス。内ニハ法性ノ身ニ入テ、炎王前ニ踞キ、外ニハ分段ノ膚ヲ顕シテ、獄卒ノ杖ニ任テ、】剣林色ヲ飛シテ、【[6]七宝荘厳ノ蕚ヲ開キ、鉄湯ノ浪ヲ留メテ、八功徳水ノ流ヲ澄ス故ニ、釈迦ハ大悲代受苦ト讃メ給ヘリ。菩薩ハ令発無上心ト演給ヘリ。乃至鬼畜修羅人天善趣モ悪趣モ利益ヲ蒙ラスト云事無シ。】覚母ノ大聖文殊モ、未タ闡提ノ名ヲハ得給ハス。一生補処ノ弥勒モ、永ク堕苦ノ誉ヲ失ヘリ。凡ソ此菩薩ハ言語ノ境界ニ非ス。思慮ノ及サル所也。吉ク々尊ヘシ、仰ヘキ也。[26]

この三宮の本地説が、じつは「九ヶ所大明神事」の観音本地説と密接に関係している。「九ヶ所大明神事」では九つの宮のうち、[27]一宮から五宮までの本地が観音菩薩である。以下、【 】に付された数字が、それぞれ「六所明神事」本文との対応関係を示す。

一ノ宮ヲハ（抜）鉾ノ大明神ト申ス。（中略）女体ハ観音也。【[1]此ノ仏ハ是大悲闡提ノ大菩薩、能施無畏ノ大士也。】此ノ御神ハ、金光明経ノ体タ也。
二ノ宮ヲハ赤城ノ大明神ト申。惣シテ三所御在ス。大沼ハ本地千手也。【[2]妙覚高貴体タハ、寂光ノ都静ナレトモ、遍応法界ノ光ハ、娑婆ノ塵ニ交。善巧方便ノ故ニ、極果ヲ押ヘ、利益衆生ノ故ニ、身ヲ等覚ニ息メ給ト。】（中略）
三ノ宮伊香保ノ大明神ト申。（中略）里ニ下テハ、本地十一面観音也。亦大光普照観世音ト申。此仏ハ是【[3]久遠劫間、未来際ヲ尽ス、永不成仏願ヲ発シ、断善闡提輩ニ伴給フ。此ハ亦何故、我等衆生ノ為メ也。是ヲ以テ法相宗ノ人師判シテ云、大悲ノ菩薩ニハ、成仏ノ理ハリ無シ。有性成仏セサルカ故也。】【[4]閑ニ此文ノ意ヲ案ルニ、涙連々トシテ不レ留。何ナル菩薩ナレハ、闡提ノ願ヲ発給、何ナル我等ハ、彼ノ恩徳ヲ報セサルヤ。】
四ノ宮ヲハ宿祢ノ大明神ト申。本地ハ千手観音也。亦ハ大悲観世音ト名。此ノ仏ハ是レ【[5]利物ヲ本懐トス。遮《サイキッテ》二地獄一ニ、為メニ二極重ノ衆生一ノ往キ、抜済ノ心深クシテ、鎮ニ西方ニ在ス。内ニハ法性ノ身ニ入テ、琰王ノ前ニ跪キ、外ニハ分段ノ膚ヲ顕シテ、地獄ノ杖ニ任《マカ》セ給ヘリ。】
五ノ宮ヲハ若伊香保ノ大明神ト申。此モ本地ハ千手観音也。此仏ハ是足細杖ノ色翻シテ、【[6]七宝荘厳ノ萼ヲ開キ、鉄湯波ヲ留テ、八功徳水ノ流ヲ澄ス故、釈迦ハ大慈大悲ト讃給ヘハ、菩薩ハ令発無上心ト演ヘ給ヘリ。乃至鬼畜修羅人天善趣モ利益ヲ蒙ラスト云事ナシ。(28)】

これを見ると、「九ヶ所大明神事」の一宮から五宮までの文言の多くが、「六所明神事」の三宮の観音本地説に含まれていることに気づく。しかも注目すべきことに、「九ヶ所大明神事」の対応箇所【】を1から6まで順に繋げていくと、「六所明神事」の三宮の本地説がほぼそのままできあがる。(29) したがって、両者は共通する資料をもとに作成されたか、あるいは「六所明神事」の文言を前から順に抜粋して「九ヶ所大明神事」の一宮から五宮に配したものと推測されるのである。

そしてこの二つの章段は、真名本『曽我物語』とも共通する章句が多い。(30) 先述のとおり、宝前で宣読される儀礼文は対句表現などの美的修辞が凝らされるものである。そのため、要文集やほかの説草から、名文・詞章の転用がしばしば行われた。「六所明神事」と「九ヶ所大明神事」に見られる同文関係や、真名本『曽我物語』との共通章句の多さは、『神道集』が作文の際に既存の資料、もしくはほかの章段から文言を転用していたことをうかがわせる。(31) これは『神道集』の文章形成のあり方を垣間見ることのできる好例といえよう。

おわりに

以上、本章では『神道集』本文の検討から、本地説の表現が表白・願文などの修辞的テキストに通じていること、『転法輪鈔』などの唱導文献と近似する文言が見られること、そして文章作成の際には説草の再利用のように章句の転用が行われていることを指摘した。さらに、説経の表現に連なる物語部分と併せて、いずれも法会の次第のなかに位置づけられることも述べた。これによって、それぞれの章段レベルで論じられがちだった『神道集』を総体的にとらえることができるようになる。

『神道集』の本地説には、当時の神祇信仰が顕著に反映されている。これについては具体的な例をあげながら、第Ⅰ部第五章で詳しく触れたい。本章で示した性質を踏まえながら『神道集』に見られる諸信仰を探ることで、仏教儀礼の場における神祇信仰の享受の様相も明らかになっていくだろう。

注

（1）たとえば、『仏教文学講座8 唱導の文学』（勉誠社、一九九五年）、小峯和明『中世法会文芸論』（三弥井書店、二〇〇九年）、『五寸四方の文学世界』（神奈川県立金沢文庫、二〇〇八年）、阿部泰郎編『中世文学と隣接諸学2 中世文学と寺院資料・聖教』（竹林舎、二〇一〇年）、船田淳一『神仏と儀礼の中世』（法蔵館、二〇一一年）、阿部泰郎『中世日本の宗教テクスト体系』（名古屋大学出版会、二〇一三年）、近本謙介編『ことば・ほとけ・図像の交響――法会・儀礼とアーカイヴ』（勉誠出版、二〇二二年）、柴佳世乃『仏教儀礼の音曲とことば――中世の〈声〉を聴く』（法蔵館、二〇二四年）など。

（2）『神道集』本文に関する代表的な論考は、村上学氏、福田晃氏によるものである。村上学「真字本曽我物語・神道集同文一覧」（角川源義『妙本寺本曽我物語』角川書店、一九六九年）、同「真字本管理者についての一臆測」（『曽我物語の基礎的研究』風間書房、一九八四年）、福田晃『神話の中世』（三弥井書店、一九九八年）、同「真名本曽我物語の唱導世界（上）」（『唱導文学研究』第二集、三弥井書店、一九九九年）、同「真名本『曽我物語』の唱導世界（下）」（『唱導文学研究』第三集、三弥井書店、二〇〇一年）など。両氏の論に導かれつつ、小稿では本地説の表現に焦点をあてる。

（3）法会で展開される言説とテキストについては、永井義憲「法会と唱導」（『講座・日本の民俗宗教7 民間宗教文芸』弘文堂、一九七九年）、阿部泰郎「唱導における説話――私案抄」（『説話と儀礼』桜楓社、一九八六年）、同「説草考――説経と〈説話〉」（『解釈と鑑賞』58・12、一九九三年一二月）、同「文学研究としての中世宗教テクスト諸位相の探求」（『中世文学と隣接諸学2 中世文学と寺院資料・聖教』前掲注1）、同『中世日本の宗教テクスト体系』（前掲注1）、小峯和明『中世法会文芸論』（前掲注1）、および『仏教文学講座8 唱導の文学』（前掲注1）などを参照。

（4）永井義憲「法会と唱導」（前掲注3）、小峯和明「法会文芸の提唱」（『中世法会文芸論』前掲注1）など。たとえば、物語的叙述の語りのなかにも対句表現が混交するなど、法会におけるさまざまな所作や言説は、互いに連動しながら成立している。

（5）『神道大系 文学編一 神道集』八六～八八頁。なお、『神道集』の引用は『神道大系 文学編一 神道集』（神道大系編纂会、一九八八年）および『貴重古典籍叢刊 赤木文庫本 神道集』（角川書店、一九六八年）による。本文の欠落・誤記・訓点等は諸本によって補訂したところがあり、句読点を私に付して、通行の字体にあらためた。

（6）『拾珠鈔』第九（『天台宗全書』二〇、一二三頁）。

（7）『神道大系 文学編一 神道集』三一、三二頁。

（8）福田晃氏は「熊野権現事」冒頭の本地説と末尾の示現譚を「表白体唱導」と称している。福田晃「神道縁起の表現」（『神話の中世』前掲注2）。

（9）『神道大系 文学編一 神道集』一八六、一八七頁。

（10）渡辺秀夫「願文の世界」（『平安朝文学と漢文世界』勉誠社、一九九一年）、同「願文――平安朝の追善願文を中心に」（『仏教文学講座8 唱導の文学』前掲注1）、小峯和明『中世法会文芸論』（前掲注1）、山本真吾「「表白」という言語行為と文学表現」（『中世文学と隣接諸学2 中世文学と寺院資料・聖教』前掲注1）、大曽根章介「漢文体」（『大曽根章介 日本漢文学論集』一、汲古書院、一九九八年）など参照。

（11）福田晃「真名本『曽我物語』の唱導世界（下）」（前掲注2）では、唱導資料の「経論例証」について触れられている。

（12）『神道大系 文学編一 神道集』一〇五、一〇六頁。

（13）『真福寺善本叢刊 説経才学抄』（臨川書店、一九九九年）の山崎誠氏による解題参照。

（14）『神道集』物語部分の表現に関しては、福田晃『神話の中世』（前掲注2）、同「真名本『曽我物語』の唱導世界（下）」（前掲注2）で詳述されているのを参考にされたい。本地説部分と重なる修辞も見られ、表白のようなテキストと説経における表現が、相互に影響しあっていることをうかがわせる。

（15）山崎誠・小峯和明「安居院唱導資料纂輯（二）」（『調査研究報告』一三、一九九二年三月）。

（16）『法則集』原文では「説法」と表記される。『法則集』から知られる法会の構成は、阿部泰郎「唱導における説話――私案抄」（前掲注3）に詳しい。また法会の主要用語については、「基幹法会要語解説」（仁和寺紺表紙小双紙研究会編『守覚法親王の儀礼世界』勉誠社、一九九五年）を参照。

（17）『神道集』研究の嚆矢である筑土鈴寛「神道集と近古小説」では、神々の本縁譚が中心となる章段を「物語的縁起」と呼ぶ一方で、物語要素の少ない章段を「公式的縁起」と称した（『中世芸文の研究』有精堂出版、一九六六年）。しかし、氏のいう「公式」の語は不明瞭であり、研究の現状に照らし合わせても適当な術語・分類とはいいがたくなっている。

（18）ほかに、『神道集』には問答形式が用いられている箇所もある。そうした部分は、法会における「論義」を反映しているとも推される。
(19) 永井義憲・清水宥聖編『安居院唱導集 上』（角川書店、一九七二年）。
(20)『転法輪鈔』に言及したものとして、『安居院唱導集 上』（前掲注19）の永井義憲氏による解説や、山崎誠「『転法輪鈔』繋年考」（『国文学研究資料館紀要 文学研究篇』三三、二〇〇七年二月）、阿部泰郎「文学研究としての中世宗教テクスト諸位相の探求」（前掲注3）、牧野淳司「安居院流唱導書の形成とその意義」（『中世文学と隣接諸学2 中世文学と寺院資料・聖教』前掲注1）などがある。
(21) これらの引用は、七寺本『大乗毘沙門功徳経』（『中国日本撰述経典（其之四）・漢訳経典』大東出版社、一九九九年）に偈文として見られるもの（a―イ）、要略と思しいもの（b―ロ）と、さまざまな形をとる。ただし、『神道集』と『転法輪鈔』を比較すれば、『神道集』のほうが言葉を欠いていたり、あるいは簡略化していたりする場合が多い。なお、『神道集』と『転法輪鈔』に『大乗毘沙門功徳経』の引用が見出せることは、牧野和夫氏が指摘している。牧野和夫「『大乗毘沙門功徳経』と「他聞持国因縁事」（『むろまち』二、一九九三年一二月）、同「十二巻本『表白集』編集とその四周――附、『大乗毘沙門功徳経』と本地物・拾遺」（『実践国文学』四六、一九九四年一〇月）、同「高山寺蔵仁平三年写『仏説毘沙門天王功徳経』一帖　翻印・解説・諸伝本校異」（『実践女子大学文学部紀要』三八、一九九六年三月）など。
(22) また、巻一〇「諏方縁起」の極楽世界の描写のなかには、永観『往生講式』第五・讃歎極楽や、『為盛発心因縁』との同文も見いだせる。村上学「真字本管理者についての一臆測」（前掲注2）。
(23) 牧野淳司「安居院流唱導書の形成とその意義」（前掲注20）。
(24) 安居院聖覚の編纂とされる『転法輪鈔』だが、本書は宗派を超えて用いられていたことから、これをもって『神道集』と安居院との関係性を指摘することはできない。『神道集』に記された「安居院作」は仮託との見解もあり（小峯和明「澄憲をめぐる」「その後の安居院――『烏亡問答鈔』から」『中世法会文芸論』前掲注1）、『神道集』編者についてはいまなお検討の余地がある。
(25) この偈文は、巻五「春日大明神」にも、「毘沙門天経云」として見える。
(26)『神道大系 文学編一 神道集』八〇、八一頁。
(27)「上野国九ヶ所大明神事」では九つの宮に加えて、「総社」のことも述べられているため、実際には十社の本地説が展開されている。
(28)『神道大系 文学編一 神道集』八六～八八頁。

(29) ただし、細部の異同や、文言を欠いた部分なども見受けられる。

(30)『神道集』と真名本『曽我物語』との同文関係は、村上学「真字本曽我物語・神道集同文一覧」(前掲注2)、同「真字本管理者についての一憶測」(前掲注2)、小島瓔礼「神道集と曽我物語との関係」(『中世唱導文学の研究』泰流社、一九八七年)、黒田彰「神道集、真名本曽我と平家打聞」(『中世説話の文学史的環境〔正〕』和泉書院、一九八七年)、福田晃「真名本曽我物語・解説」(『真名本曽我物語2』平凡社、一九八八年)、同「真名本曽我物語の唱導世界(上)」(前掲注2)、同「真名本『曽我物語』の唱導世界(下)」(前掲注2)などで明らかにされている。

(31) 大島由紀夫氏は、『神道集』の編者圏や成立状況の解明を進める上で、経疏類の引用部分や表白的詞章が依拠した文献の探索が不可欠とし、一例として『神道集』の本地仏歎徳詞章に『智無智通用集』と同文があることを指摘している。大島由紀夫「『神道集』本文の形成環境に関する一考察——本地仏歎徳詞章を起点として」(『唱導文学研究』第十集、三弥井書店、二〇一七年)。

第三章　『神道集』の神祇観と実者

はじめに

『神道集』の神々は、中世日本の本地垂迹説に基づき、それぞれ「本地」となる仏菩薩が定められている点に特徴がある。本章では『神道集』の神祇観を整理し、中世神道説のなかに位置づけ直すことを目的とする。とくに冒頭の「神道由来之事」は、『神道集』の神祇観を示していると考えられるため、ここで提示されている問題を中心に検討を進める。そのなかでも権者・実者という神祇の分類概念に焦点をあて、同時代の資料を用いながら考察していきたい。

一　神の分類「権者」と「実者」

中世の神祇観を示すものの一つに、権者・実者（あるいは権化実類）という神の分類概念がある。権者（社）は仏菩薩が衆生済度のために権《かり》に神の姿となって顕現した垂迹神のことであり、伊勢・八幡・春日・熊野などの由緒正しい神々を指す。これに対して実者（社）は邪神や鬼神、悪霊などの類いで、こちらは本地仏を持たない雑多で卑俗な神々である。

この分類概念は、早くは元久二年(一二〇五)に笠置上人貞慶が起草したという『興福寺奏状』に見ることができる。『興福寺奏状』は、法然の専修念仏を批判するために書かれたもので、念仏門徒たちは神々の「権化実類」を論ぜず、宗廟大社を憚らず、もし神明を恃めば必ず魔界に堕ちると主張して神祇を蔑ろにしていると糾弾された。(1)

こうしたなかで専修念仏の立場を示したのが、元亨四年(一三二四)に親鸞の玄孫である存覚によって著された談義本『諸神本懐集』であった。存覚は『諸神本懐集』において、「権社」と「実社」とを明確に峻別して論じている。

すなわち、「権社ノ霊神」は「往古ノ如来、深位ノ菩薩」であり、衆生利益のために「カリニ神明ノカタチヲ現ジ」たものであるから、本地の利生を尊ぶべきである。一方で、「実社ノ邪神」は「生霊・死霊等ノ神」であり、如来の垂迹ではない。祟りを起こして人々を悩ますので、なだめるために神として崇めている類いである。ゆえに『優婆夷経』には、実社に帰依すれば未来永劫まで悪道に沈み、五百度の蛇身を受けるとあるのだと述べている。(2)

存覚によれば、権社の本地はさまざまだが、すべての仏菩薩は阿弥陀如来の智恵に包摂される。したがって阿弥陀如来にさえ帰依すれば、諸仏・諸神に帰依するのと同じことだという。この主張は、念仏門徒たちのいわゆる「神祇不拝」(3)と呼ばれる姿勢への批判をかわすと同時に、阿弥陀一仏を称揚する専修念仏の立場を保持しながら、いかに神祇と接するべきかを説いたものであった。

神祇にまつわる言説を集成した『神道集』でも、権実二分論は展開された。巻一「神道由来之事」では、権者と実者について以下のように説明している。(4)

問。或人云、昆吠論云、一度ヒ神ヲ礼、五百生蛇身ノ報ヲ受ク。若爾ハ者、誰カ心有ラン人、神道ヲ可レ礼耶。
答。神道有二権実一。問瑞ノ義ナリ。悪霊悪蛇ノ物ニ耶（取）付テ人ヲ悩乱スル、実者ハ皆蛇鬼等ナリ。権者ノ神ハ往古ノ如来、深位大士、教化六道ノ約束ニテ、利益衆生ノ為、和光垂迹シ玉フナリ。八相成道ノ終リヲ論ス。尤可二帰依一（5）。

『昆吠論』には、「一度《ひとたび》神を礼拝すれば、五百生蛇身の報いを受ける」と書かれているが、もしそうであるならば、一体、心ある人の誰が神道（神祇）を礼拝するのか。かかる問いへの答えとして、神道には権実があると応じる。悪霊・悪蛇がものに取り憑いて衆生を悩ませるのは実者で、蛇鬼の類いである。一方で、権者の神は往古の如来、深位の大士であり、利益衆生のために神の姿となって顕現したものであるという。引用経典こそ異なるが、分類自体は『諸神本懐集』とほぼ重なっている。しかしながら、『神道集』は続けて『諸神本懐集』にはない、次のような見解を説く。

但亦実者神ナリト云トモ、神ト顕玉ヘリ。利益非レ無ニ。後生利益ノ契リノ為ニ礼ヲ作者、不レ可レ有二其失一。日本ハ自レ本神国ナリ。惣シテ可二敬礼一。国ノ風俗ハ凡愚、権実ヲハ難レ弁。只神ニ随テ敬礼ス。何レノ失カ有ラン。況ヤ設ヒ始タル実者ナリト云トモ、終ニハ権者眷属ト成（6）。

実者の神を「蛇鬼等」の類いであるとしながらも、神として顕れたのだから利益がないことはないという。日本は神国であり、総じて神を敬う。日本の国に住む人々は凡愚であるから、権者・実者を区別することはできない。ただ神に従って敬うだけである。そこに何の過ちがあろうか。たとえ実者であったとしても、最終的には権者の眷属になるのだと結んでいる。つまり、権者・実者を区別しながらも、実者への礼拝を許容しているのである。その理由は、巻一〇「諏方縁起」の一文にあらわれていよう。

権者・実者ノ垂迹、倶ニ仏菩薩ノ化身トシテ、衆生済渡ヲ方取給ヘリ。[7]

ここでは権者のみならず、実者もまた仏菩薩の化身として衆生を救済すると明言されているのである。

このように、『神道集』では実者を「蛇鬼等」としながらも、権者・実者はともに仏菩薩の化身だと説く。これが『諸神本懐集』との大きな違いであって、『神道集』の神祇観の特徴とされてきたのだった。

こうした『神道集』の実者容認論を論じたのは、村上学氏であった。[8] 村上氏は、『神道集』の権実二分論を「はみだした習合理論」と表現し、「在地（引用者注―西上州）と等身大の発想」に立つ『神道集』編者にとって、たとえ論理の屈折や矛盾を招くことになっても、在地の信仰体系に密着した実者の容認は避けて通れないものであったとする。

そして、「地方」の立場である『神道集』と、「中央」である慈遍『豊葦原神風和記』や良遍『日本書紀神代巻聞書』とを比較し、中央の抽象理論と、具体的な在地の物語との間には落差があり、両者の視座の乖離は広がっていったと結論づけた。

また実者の神々に、中世的な神の本質を見出したのは、中村生雄氏である。[9] 中村氏は、台密の口伝や記録を集めた『渓嵐拾葉集』（一三一八年序）巻一〇八「真言秘奥抄」に、「和光同塵ト者、三毒権成凡夫ニ為レ同也。而ニ三毒極成体ト者、蛇身也」[10] と見えることなどから、神祇とは和光同塵して自らを凡夫と同等まで落とし、凡夫の苦しみの因となっている貪・瞋・癡の三毒を、その本有の姿である蛇身ともども引き受けようとする〈代受苦〉の行を担う存在と位置づけた[11]。この指摘は、中世の神祇観を象徴的にあらわしたものとして注目されよう[12]。

中村氏も、存覚など知識人たちによって排斥された在地の実類・実社神が、民衆の「下からの」まなざしによって再び主役の座に返り咲いたのが『神道集』の神々であったとし、地域や階層という側面から『神道集』へ言及した[13]。

このように、村上氏と中村氏は、『神道集』の実類容認論を「中央／在地」や「知識層／庶民」の格差といった点に着目して論じている。それは『神道集』の一面を示すものであるが、本書の神祇観を再考するためには両氏によって提示された視点を考慮しながら、より教理面への理解を深める必要がある。『神道集』は当時の密教僧たちが提唱した教説を背景として権者・実者を論じ、また後述する神祇の三分類を掲げているからである。

二　実者神と「実業」

『神道集』ではいわゆる「実者」と分類されるような神の姿を、具体的にどのように描いているのだろうか。『神道集』の縁起のなかで、実神的性格がもっとも顕著にあらわれている神は、巻八「上野国那波八郎大明神事」の那波八郎である。本縁起に登場する群馬郡の地頭那波八郎満胤は、八人兄弟の末子でありながら家督を継ぎ、それを妬んだ兄たちによって無残に殺害される。深い怨念を抱いて大蛇となった八郎は、兄たちとその妻子眷属、子孫に至るまでとり殺し、国中の諸人を贄として、人々を苦しめる。その姿は「人ヲ悩乱」する「蛇鬼」そのものである。その後、都からやってきた宮内判官宗光が読誦する『法華経』によって鎮められ、悪世の衆生を利益せんと誓い、薬王菩薩を本地とする八郎大明神となるのであった。
この物語の最後は、次のような言葉で締めくくられている。

諸仏菩薩ノ我国ニ遊玉フニハ、神明ノ神ヲ現シテ、先ツ人胎ヲ借リツヽ、人身ヲ受テ後、憂悲苦悩ヲ身ニ受テ、苦楽ノ二事ヲ身ニ受ケ、借染ノ恨ミヲ縁トシテ、済度方便ノ身ト成リ下リ給ヘリト云々(14)

諸仏菩薩がわが国に顕現するには、神明の姿となり、まず人の胎内を借りて人身を受けた後に憂悲苦悩を経験し、かりそめの恨みを縁として、済度方便の身となるのだという。(15)これは前述の『渓嵐拾葉集』に、「和光同塵ト者、三毒権成凡夫ニ為レ同也。而ニ三毒極成体ト者、蛇身也」とあった、和光同塵することで凡夫と同様の苦患を引き受ける神の姿とも重なる。八郎大明神は蛇身であるから、「三毒極成体」もそのまま体現していることとなる。荒ぶる祟り神であった八郎は「実者」であるが、同時に薬王菩薩を本地とする「権者」でもある。ここにおいて、『神道集』の権者・実者の区別が曖昧なものであること、そもそも明確に切り分けようとしていないことが再認識される。こうした姿勢は、すでに述べたように、権者・実者はどちらも究極的には仏菩薩の化身だとする思想に立脚している。

権実ともに仏菩薩の化身とする思想は、たとえば『渓嵐拾葉集』巻六六「仏菩薩供養事」に、次のように見える。

尋云、権実ノ等流相如何。示云、大日差別身ノ方ハ権者ノ等流身也。次、実業ノ六道ノ凡夫ハ実者等流也。教相ニハ一往権実ヲ分別スレトモ、往テハ大日ノ差別身也。(16)

権実の等流相はどのようなものであるのかという問いに対し、大日の差別身は「権者ノ等流身」であり、「実業ノ六道ノ凡夫」は「実者等流」だという。そして教相では権実を分別しているが、突きつめればどちらも大日の差別身であると答えている。

「実者」や「実類」という語は、仏法守護の諸天や神祇、鬼神のほか、六道輪廻する衆生のことも指している。引用文の「実者」は「実業ノ六道ノ凡夫」、つまり、実業（苦楽をもたらす善悪の業）によって六道を輪廻する者のことであって、必ずしも神祇に限定されないが、そうした広い意味での実者もまた大日の差別身なのである。

大日如来は、『大日経』「入真言門住心品」に、

若有衆生応仏度者、即現仏身、或現声聞身、或現縁覚身、或菩薩身、或梵天身、或那羅延、毘沙門身、乃至摩睺羅伽、人、非人等身、各各同彼言音、住種種威儀。而此一切智智道一味。所謂如来解脱味。(17)

とあるように、救済する相手に同じてさまざまな姿（「種種威儀」）をあらわす。『神道集』や『渓嵐拾葉集』が権者・実者ともに仏菩薩の化身と断じているのは、こうした教理が根底にあるからだといえよう。

ここで注目したいのが、前掲の『渓嵐拾葉集』の「実業ノ六道ノ凡夫ハ実者等流也」という文章に見える、実者と「実業」である。実業は、『神道集』「神道由来之事」でも次のように言及される。

垂迹中ハ有リ二権者・実者一。仏菩薩ヲ化現玉フハ権者ナリ。応化ニハ非。神道ノ以二実業ヲ一神明ノ名得タルハ是実者。(18)

仏菩薩の垂迹には権者と実者とがあり、仏菩薩が化現しているのは権者である。それに対して、「神道ノ実業」をもって神明の名を得た者は実者であるという。つまり実者の神は、前世の行為によって神道（神祇）として生まれ変わった者なのである。

ここで想起されるのは、前世の報いで神身を得たという『藤氏家伝』の越前国気比の神や、『多度神宮寺伽藍縁起并資材帳』の伊勢国多度の神、『日本霊異記』の近江国陀我大神といった古代の神々の姿である。

日本における神仏習合の過程は、一般に、まず神祇を「仏法に救いを求める一衆生」と見なす奈良時代（神祇実類観）から、仏法守護の護法善神とする段階に進み、平安中期には神仏を同体とする本地垂迹説がおこって、平安後期から鎌倉時代にかけて発展していったとされる。これは迷える存在であった神が、その地位を上昇させて仏菩薩と同体になり、さらには神本仏迹思想という逆転現象までおこるといった進歩史観的な視点から唱えられたものであったが、実際には単一線上に展開していったわけではなく、同時期にさまざまな現象が前後してあらわれ、また並存していたと考えられている。(19)

気比の神は、自身が神身であることに対して「吾因二宿業一、為レ神固久。今欲下帰二依仏道一修中行福業上」(20)と語り、多度の神は「吾経久劫作重罪業、受神道報。今冀永為離神身、欲帰依三宝」(21)と訴えている。宿業によって神身となり、仏法に帰依して「神身離脱」を願う神々は、迷える一衆生にほかならない。『神道集』の実者もこうした神々と同様に、前世の宿業によって神となった、六道を輪廻する存在として規定されているのである。(22)

「神道の実業」は、『神道集』の実者が人間と同じ苦悩を背負っていることを知らしめている。みずからの身に耐えがたい苦痛を受けた神は、それゆえに衆生の悩みや苦しみに寄り添える存在になり得るのである。

三　「権化実類」をめぐる中世の言説

ところで、『神道集』と同時代の資料において、権者・実者（権化実類）はどのように記されているのだろうか。室町期に書写された『熱田講式』（三段）は、熱田明神を本尊とする講式である。本講式では第一段で本地を明かし、第二段で垂迹を称え、第三段で廻向を行う。この第二段に、次のような詞章が見られる。

第二、讃垂跡者、凡以正道正理為心、以神通神足為質。当知、神通是諸仏上智、三乗目足。如来在世尚爾、況於神国哉。国者神之可守国也。生者神之可度生也。故権者実者、随所応機、為主為半（伴）、互通助互任縁。[23]

神国（日本）において、国は神が守護すべきものである。ゆえに、権者と実者とは場所に随い、時機に応じ、主となり伴となって、互いに通じ助け、縁に任せると称えられている。ここでも権者と実者は、それぞれ仏が場所や機根に応じてあらわした姿だとされていることがわかる。

この思想は、弘安六年（一二八三）成立の『沙石集』巻一「出離を神明に祈りたる事」の記述でもよく知られている。

我が国は辺地なり。剛強の衆生、因果を知らず。仏法を信ぜぬたぐひには、同体無縁の慈悲によりて、等流法身の応用を垂れ、悪鬼邪神の形を現じ、猛獣毒蛇の身を示し、暴悪の族を調伏して仏道に入れ給ふ。されば他国有縁の身を重くして、本朝相応の形を軽しむべからず。[24]

我が国は辺土であり、猛々しい衆生は因果を知らない。仏法を信じない者には、慈悲によって等流法身の応用を垂れて「悪鬼邪神」や「猛獣毒蛇」の姿を示し、暴悪の族を調伏して仏道に導くという。一見、実者に分類されるような悪鬼、邪神、毒蛇の類いも、相手に応じた仏の等流法身だという主張は『大日経』に説かれる仏のあり方であり、『熱田講式』や『神道集』とも軌を一にする。

こうした「権」と「実」との関係性を示す例として、中世の「聖天」をめぐる密教修法の言説を見てみたい。聖天は歓喜天とも称し、象頭人身の男女が抱擁する姿であらわされることが多い尊格である。これは男天の毘那夜迦という障礙神を、十一面観音の化身である女天が慈悲によって相抱き、その障難を消除しているのだという[25]。東密の諸尊法の口説を記した『幸心鈔』巻二「聖天事」では、この双身の男女の姿について、次のように語っている。

師云、此像二権、二実、権実三差別有レ之也。二権共権化。二実共実類。権実則男女和合之義也。女天権化、男天実類也。十一面観音男天ノ障難ヲ為二消除一、女天形ヲ現シ玉フ。二像共著二袈裟一、権化二種像。共不レ著、二実像。女天著、男天不レ著、是権実像也。[26]

聖天の姿には、「二権」「二実」「権実」の三種類がある。「権実」の姿では女天が権化、男天が実類である。これは十一面観音が男天の障難を消除するために、女天の姿となってあらわれたものであると説明している。この記述から、聖天は「男天＝障礙神＝実類」「女天＝十一面観音＝権化」という二天が相抱き、権実の合一をあらわした尊容であることが理解される。そしてまた二権・二実の像があるように、「権」と「実」は往還可能な関係であることもうかがえよう。

さらに、中性院頼瑜（一二二六〜一三〇四）の『秘鈔問答』巻一五「聖天」では、聖天の姿を同じく「権実二天相抱之形[27]」と示した上で、次のように説く。

女天観世音所変。以二大悲方便一治二難治之悪一。男天本有倶生大悪魔王。大日如来変化随レ類化度。方便ヲ以テ各顕二仏法之威験一云云。[28]

女天は観世音の所変で、大悲方便で難治の悪を治す。男天は本有倶生大悪魔王で、大日如来は相手に合わせて姿を変えて救済する。これは方便をもって仏法の威験をあらわしているのである。また毘那夜迦は、浅略門（浅く簡略な教え）では「迷情実類障難神」だが、深秘門（深遠で本質的な教え）では「大日普門等流身」であるとも説かれている。[29]つまり、障礙神である実類の男天は、大日如来が相手に合わせて示した姿であり、男天も、権化の女天も、あらわれた姿こそ違うものの、いずれも毘盧遮那の化現なのである。

これは台密でも同様で、『渓嵐拾葉集』巻四三「聖天秘決」では、以下のような解釈が展開される。

一、形状種種事　示云、此天双身種種習有レ之。一ニハ権実不二習事。男天ハ大日即実者也。女天ハ十一面観音即権者也。為レ表二権実不二ヲ一二身相双也。九界ヲ為レ権、仏界ヲ為レ実ト意也。即是十界皆成二法門一ト也云云。[30]

聖天の双身には、「権実不二」の習いがある。男天は大日如来、すなわち実者である。女天は十一面観音で、権者である。これは権実不二をあらわすために二身相双なのである。九界（六道と声聞・縁覚・菩薩）を「権」とし、仏界を「実」とする意であり、すなわち十界はみな法門となるのだという。なお、ここでいう「実」は真実、「権」は仮の意味となるが、いずれにせよ、権実不二をあらわしている。

このように、権者・実者をめぐる中世の言説群において、両者は区別されながらも、どちらも仏菩薩の応身と考えられている。『大日経』に見えるように、権化も実類もあらわれ方が異なるだけで、大日如来の等流身にほかならないのである。したがって悪神・邪神の実者であっても、それはあくまで仏の方便の姿であるから、教説や行法[31]において排除されなかったのである。

『神道集』の実者容認の姿勢は、在地や庶民の現実的な信仰に即したためだと解されてきたが、ここまで見てきたように、実者の容認論自体は中世の密教説にも認められる教説であった。むしろ、実者を切り捨てて顧みない『諸神本懐集』の姿勢が特徴的だといえよう[32]。それは真宗門徒の「神祇不拝」を正当化し、非礼拝対象としての実者を立てる必要があるという、存覚特有の事情から生じたものと考えられるのである。

四　『神道集』の三分類

ところで、『神道集』「神道由来之事」では、権者・実者という二分法に加えて、神を次のように分類している。

垂迹ノ中ニモ権現・大菩薩・大明神ノ差別ノ在ス。（中略）権現モ（大菩薩）大明神ニモ皆倶ニ諸仏菩薩ノ垂迹ナリ。同ク法楽滄受シ玉ヘリ。但有二一（三）差別一。一者権現、二ト者菩薩、三者大明神也。権者実者事、如レ何。（前）[33]

垂迹のなかにも「権現」「大菩薩」「大明神」の差別があるとし、いずれも諸仏菩薩の垂迹であると断りながら、神号によって三分類している。

神の三分類は、早くは平安末期成立とされる『中臣祓訓解』において、「本覚」「不覚」「始覚」と分けられているのが確認できる。本書によると「本覚」は伊勢太神宮、「不覚」は出雲荒振神などの悪鬼類神で別名を「実迷神」といい、「始覚」は石清水・広田などの神であるとする。この分類は、悟りまでの距離によって分けられている。すなわち、本覚神は究極の真理である仏そのもの、始覚神は迷いを脱して悟りに向かうもの、そして不覚神は仏法から遠く離れた無明の悪神である。(34)

こうした説は、ほかにも興国元年(一三四〇)の慈遍『豊葦原神風和記』や、応永二六年(一四一九)の講義の聞書である良遍『日本書紀聞書』などに見られるが、とくに良遍は三神説を仏の「三身説」に対応させ、「本覚神―法身」「始覚神―報身」「実冥神―応身」と示した。(35)

良遍の説で特徴的なのは、実冥神(実迷神)を「マコトニカナフ」神と訓じ、『中臣祓訓解』で「不覚」とされた神々を肯定的にとらえている点である。これは三神説と、仏の三身説とを明確に対応させた結果、実冥神が衆生済度の「応身」に対応することになったためと指摘されている。(36)『神道集』で示される仏菩薩の化身としての実者も、かかる良遍の所説と通底するものである。

さて、『神道集』の三分類について、巻五「仏前之二王神明之鳥居獅子駒犬之事」では、次のような問答が交わされている。

垂迹ハ威儀ニ依給故ニ、出家ニ同シテハ権現ト云、在家ニ同シテハ云二明神一ト。其名字ノ差別、如何。

答。出家ノ威儀、仏ニ親近カ故、権現ト名。在家ノ威儀疎遠ナル故ニ、明神ト名。権現者出家義ハ、仏家ニ近シト名タリ。明神在家ノ義ナル故ニ、仏遠ト名タリ。但、名字無ト云ヘ共、共ニ皆菩薩ノ化身ナリ。[37]

垂迹神のうち、出家に同じては権現といい、在家に同じては明神という。その差はどのようなものであるのかという問いに対し、出家の威儀は仏に近いために「権現」と名づけるが、在家の威儀は仏から遠いために「明神」と呼ぶ、と答えている。そして呼び方は異なるものの、どちらもともに仏菩薩の化身だと明言している。これを三神説に該当させると、権現が本覚、大菩薩が始覚、明神が実迷（不覚）となろう。仏菩薩が権《かり》にあらわれた「権現」、修行中の菩薩の位にある「大菩薩」、いまだ在家で迷いのなかにいる「明神」というわけである。[38]

さらにこの三分類は、「神道由来之事」で次のようにも論じられる。


問。権現・大明神・大菩薩トテ、三所ノ明神在。（三）所共ニ三熱ノ苦ニハ可レ有。而レトモ或経文云、我等修行於般若、法楽荘厳、神離於三熱及五衰、遊戯必定法界空已上此文ハ明神ニ限テ受ク聞ヌルニ、弥不審ナリ。各々究竟ノ妙位ヲ分証シツ、、下テ衆生化度ノ為ニ、穢悪ノ塵ニ交ル日、何レノ利生カ愚ナラン。然何ソ明神独リ此受耶。

会云、三熱ノ苦ヲ権現・大菩薩ハ不レ可レ受レ之。其故何者、垂迹中ハ有リ二権者・実者一。仏菩薩ヲ化現玉フハ権者ナリ。応化ニハ非。神道ノ以二実業一ヲ神明ノ名得タルハ、是実者。仏菩薩ノ垂迹不レ可レ受レ之。実者此ヲ亦受ルナリ。[39]

権現・大菩薩・大明神という三所の神がいらっしゃるが、三所ともに「三熱ノ苦」を受けるという。しかしながら、ある経文には「我等修行於般若、法楽荘厳、神離於三熱及五衰、遊戯必定法界空」とあり、これは明神に限って受けると聞く。三所はそれぞれ衆生化度のために神として顕現しているのに、なぜ明神だけが法楽を受けるのか、と尋ねている。

この問いに対し、権現・大菩薩は「三熱ノ苦」を受けないと答えている。なぜなら、垂迹のなかには権者と実者があって、仏菩薩の垂迹である権者はこれを受けず、神道の実業をもって神となった実者は三熱を受けるからであるとしている。したがって、ここでは一応、権現・大菩薩が権者、大明神が実者と分類されていることがわかる。なお「三熱」とは本来、龍蛇がその身に受ける三種の苦患であるが、神もまた同様に三熱を受けるとされた(40)。『神道集』によれば、仏から遠い位置にいて三熱を受ける実者は、般若の修行によって法楽荘厳し、三熱五衰の神身から離れられるという。

こうした神の法楽に関して、『渓嵐拾葉集』巻四「神冥与二仏陀一祈祷旨趣ノ事」では、次のように説明している。

> 神明法楽ノ秘法アリ。如レ此法味ヲ挙ル也。三帰十戒ヲ授テ、神明ヲ弟子ニ成也。山家大師、山王三聖ニ奉二受戒一也云云。教戒ノ事　示云、授二灌頂ヲ於神明一ニ、次授二三帰十戒一也。（中略）今是円頓大戒ト者、千仏大戒仏仏伝持ノ妙戒也。今神明又諸仏応来也。争カ内証所持ノ大戒ヲ棄捨耶。若為二実者ノ神一ト者、依二受戒ノ功力一ニ離苦得楽、内証階位ヲ進ミ令レ成二所願一給ヘ。若為二権者神一者、仏仏授手大戒ヲ随喜シテ令レ満二所願一給ヘトクトキ語ヘキ也云云。(41)

「神明法楽ノ秘法」があり、それは神明に三帰十戒を授けて仏弟子にすることである。神明は諸仏の応化であるから、大戒を捨てることはない。もし実者の神であるなら、「受戒の功力によって苦を離れ、楽を得て、内証の階位（悟りに至るまでの段階）を進めて所願を成し給え」と祈り、権者の神であるなら、「大戒に随喜して所願を叶え給え」と口説き語るべきであると述べている。実者の神が受戒して、仏に向かって階位を進めるというのは、『神道集』の「仏に親近である権現＝権者」と、「仏から疎遠である大明神＝実者」という議論とも相通じる。

このように、中世の学匠たちによる神祇の三分類と、『神道集』の神祇観は通底している。権現・大菩薩・大明神という分類は、本覚・始覚・実迷という区分に比べて、より具体的な神名に即したものといえよう。

ただ、こうして定義された権実二分論や、権現・大菩薩・大明神の三分類が『神道集』の縁起物語と直接的に結びついているかといえば、必ずしもそうではない[42]。『神道集』は、当時の神道説で展開されていた分類概念を取り入れながらも、厳密なかたちで物語へと反映することはなかった。それは、中世には権者・実者の別なく神が衆生のために苦患を受ける物語が語られていたことや、すでに存在する縁起の内容と呼称とを対応させるのが困難であったことが要因だと推測されるのである。

おわりに

以上、『神道集』の神祇観について、権者・実者という二分類と、権現・大菩薩・大明神という三分類に注目して論じてきた。

『神道集』の実者容認論は、これまで在地や庶民の現実を反映したものとして論じることが多かったが、それは必ずしも『神道集』に限った姿勢ではなく、権実を不二とし、ともに仏の等流身とみなす密教の教説によるものであった。「神祇不拝」を正当化する必要があった『諸神本懐集』は別として、多くの仏教諸書において実者を完全に排斥していないのは、本章で見てきたとおりである。『神道集』の神祇観は、中世の学匠たちの言説を丁寧に追い、その上であらためて位置づける必要があるだろう。

注

（1）『興福寺奏状』「第五霊神に背く失」（『日本思想大系 鎌倉旧仏教』三五頁）。
（2）『諸神本懐集』（『日本思想大系 中世神道論』一九〇、一九一頁）。
（3）「神祇不拝」は、神々への礼拝を否定する態度を指す術語である。鈴木英之『中世学僧と神道――了誉聖冏の学問と思想』（勉誠出版、二〇一二年）など参照。
（4）『神道集』の引用は、『神道大系 文学編一 神道集』および『貴重古典籍叢刊 赤木文庫本 神道集』（角川書店、一九六八年）による。本文の欠落・誤記・訓点等は諸本によって補訂したところがあり、句読点を私に付して、通行の字体にあらためた。
（5）『神道大系 文学編一 神道集』八頁。
（6）『神道大系 文学編一 神道集』八、九頁。
（7）『神道大系 文学編一 神道集』三一六頁。
（8）村上学「神道集」（『岩波講座日本文学と仏教 第8巻 仏と神』岩波書店、一九九四年）。
（9）中村生雄「神仏関係の中世的変容――〈権／実〉パラダイムの成立と反転」「苦しむ神／苦しむ人――再生する祟り神」「肉食と蛇身――中世神祇世界の相貌」（『日本の神と王権』法藏館、一九九四年）。
（10）『渓嵐拾葉集』巻一〇八（『大正蔵』七六、八六六頁a）。
（11）中村生雄「肉食と蛇身」（前掲注9）。
（12）伊藤聡氏は、神を三毒の表象の蛇身として観想する両部神道の社参法「伊勢灌頂」（諸社大事）を分析し、「蛇身たる神」とは、あえて三毒にまみれた衆生と同じ姿になることで、その苦を引き受け、救済しようとする「仏の究極的な姿」だとした。そして、ここにおいて権者と実者とは対立した概念ではなくなり、「すべての神は権神として実神的性格を具有することになる」と結論づけた。伊藤聡「中世の神観念」(『神道の中世――伊勢神宮・吉田神道・中世日本紀』中公選書、二〇二〇年)および、「伊勢灌頂の世界――変容する神観念」(『中世天照大神信仰の研究』法蔵館、二〇一一年)。このほか実者に関しては、山本ひろ子「鬼界が島説話と中世神祇信仰――延慶本『平家物語』と『源平盛衰記』をめぐって」(『日本文学研究論文集成 平家物語・太平記』若草書房、一九九九年。初出『ORGAN』3、一九八七年)、今堀太逸『神祇信仰の展開と仏教』(吉川弘文館、一九九〇年)などが参照される。

(13) 中村生雄「神仏関係の中世的変容」(前掲注9)。中村氏は、「「上からの」神仏習合理論が形式的・観念的な神祇不拝や政治イデオロギー的神国思想として空洞化していく一方で、在地の〈苦しみ〉に根づいた神仏関係の素朴な模索がここに見られるのではないかと考えておきたい。またそれをもたらしたのは、〈知〉をこととする宗教イデオローグの「神の弁別」ではなく、〈信〉に身をそわせる在地の民の「神への随順」だったにちがいない」としている。また、浄土僧信瑞の『広疑瑞決集』や、禅僧懐奘の『正法眼蔵随聞記』などを例にあげて、「中世仏教を代表する浄土や禅の高度な思弁性が、一面において人びとの素朴な罪業の感覚から遊離していく過程を察知すべき」と評するなど(「肉食と蛇身」)、『神道集』の神々を地域や階層の格差からとらえた言及が散見される。

(14)『神道大系 文学編一 神道集』二三七、二三八頁。

(15)『神道集』巻六「上野国児持山之事」にも同類の文章が見える。「仏菩薩ノ応迹示現ノ神道ハ必縁ヨリ起ル事ナレハ、諸仏菩薩ノ我国ニ遊給ニハ、必ス人ノ胎ヲ借リテ衆生ノ身ト成ッ、身ニ苦悩ヲ受テ善悪ヲ試テ後、神明身ト成テ、悪世ノ衆生ヲ利益給御事也」(『神道大系 文学編一 神道集』一八五頁)。このほか、巻一〇「諏方縁起」にも「仏菩薩ノ応迹、我国ノ遊、必ス心身苦悩ヲ受ケ、衆生ノ歎ヲ思知給ヘリ」(『神道大系 文学編一 神道集』三一四頁)とある。

(16)『渓嵐拾葉集』巻六六(『大正蔵』七六、七二六頁a)。

(17)『大日経』(『大正蔵』一八、一頁b)。

(18)『神道大系 文学編一 神道集』一八頁。

(19) 辻善之助『日本仏教史(上世編)』(岩波書店、一九六〇年)、村山修一『本地垂迹』(吉川弘文館、一九七四年)、林淳「神仏習合研究史ノート――発生論の素描」(『神道宗教』一一七、一九八四年一二月)、佐藤弘夫『アマテラスの変貌――中世神仏交渉史

の視座』（法蔵館、二〇〇〇年）、中村生雄「苦しむ神／苦しむ人」（前掲注9）、伊藤聡『神道の形成と中世神話』（吉川弘文館、二〇一六年）、門屋温「神仏習合の形成」（末木文美士編『新アジア仏教史11 日本Ⅰ 日本仏教の礎』佼成出版社、二〇一〇年）など参照。

（20）『藤氏家伝』「武智麿伝」（『群書類従』第五輯、三五二頁）。

（21）『多度神宮寺伽藍縁起并資材帳』（『続群書類従』第二七輯下、三五〇頁）。

（22）伊藤聡氏は、「実のところ、本地垂迹説の広範な広がりにもかかわらず、その埒外に多くの実類神の存在を認めることは、貞慶に限らぬ中世前期の一般認識だった」とし、そうした実類神の化度譚は、「奈良時代の神身離脱の説話と、話柄がほぼ同じである」ことを指摘している。「中世の本地垂迹思想」（『神道の形成と中世神話』前掲注19）。

（23）『熱田講式』（『真福寺善本叢刊 中世日本紀集』臨川書店、一九九九年、三六五頁）。

（24）『沙石集』（『新編日本古典文学全集 沙石集』二九頁）。

（25）毘那夜迦については、伊藤聡『中世天照大神信仰の研究』（前掲注12）、松岡心平「毘那夜迦考——翁の発生序説」（『鬼と芸能——東アジアの演劇形成』森話社、二〇〇〇年）など参照。

（26）『幸心鈔』巻二（『大正蔵』七八、七二五頁c）。

（27）『秘鈔問答』巻一五「御口決云、双身天是権実二天相抱之形也。（中略）報恩院御記云、命云、普通袈裟著不著如レ次権実二像抱合也。此中女天十一面化身権身為レ看二実類男天障礙一現二女身一相抱也。其則以二第八識菩提一浄二第七識之煩悩一之意也」（『大正蔵』七九、五五六頁b）。

（28）『秘鈔問答』巻一五（『大正蔵』七九、五五七頁a）。

（29）『秘鈔問答』巻一五「若依二浅略門一、迷情実類障難神故、若約二深秘門一、大日普門等流身故」（『大正蔵』七九、五五九頁a）。

（30）『渓嵐拾葉集』巻四三（『大正蔵』七六、六四一頁a）。

（31）行法でも同様で、たとえば頼瑜の『護摩口決』では、「権化之神」「実類之神」について、次のように説明している。

問。護摩世天段、既供二諸神一。何用二露地神供一耶。答。御口云、或説云、大壇神供約レ主、露地神供約レ伴也。今謂不レ爾。此流口伝、世天段供二権化之神一、露地供二実類之神一也。謂実類神通難レ臨二爐中一。五部諸尊森羅之故。就レ中護摩壇、既供二部類眷属一、何必約二主神一乎。又神供処供二十二天一、豈局レ伴乎。依レ之今神供次第、十二天真言、除二帰命句一。世天段、十二天明。加二帰命句一。約二権実二類一。依憑相承口決可レ思レ之。可レ習レ之。（『大正蔵』七九、九六頁c）

世天段は、護摩を修する際に世天（本尊の眷属であると同時に本尊の等流身である仏法守護の神々）を勧請して供養する段である。世天段で供養されるのは「権化之神」であり、露地で行われる神供（諸鬼神を供養する作法）は「実類之神」のためである。なぜなら実類神は、（結界に遮られて）護摩の爐壇に臨み難いからだという。ここで「実類之神」は低俗な神でありながらも、供養の対象となっていることがわかる。

(32) 存覚の実者排斥の姿勢は、『諸神本懐集』を著す際に参照したとされる真宗系談義本『神本地之事』と比較しても明らかである。『神本地之事』では実者の救済にも言及しているのに対し、『諸神本懐集』ではそれが見られない。

(33)『神道大系 文学編一 神道集』一二、一三頁。

(34) 門屋温「神仏習合の形成」（前掲注19）。

(35) 原克昭「仏身論をめぐる註釈史――〈三神説〉再考」（『中世日本紀論考――註釈の思想史』法蔵館、二〇一二年）。

(36) 原克昭「仏身論をめぐる註釈史」（前掲注35）。

(37)『神道大系 文学編一 神道集』一五四頁。

(38) 大明神・大菩薩・大権現の三分類は、ほかに醍醐寺所蔵の長禄四年（一四六九）写『聖徳太子伝記』の「太子二十七歳御時」などに確認できる。ただし、『神道集』とは神号の意味づけが異なっている。今堀太逸「中世の太子信仰と神祇――醍醐寺蔵『聖徳太子伝記』を読む」（『本地垂迹信仰と念仏――日本庶民仏教史の研究』法蔵館、一九九九年）参照。

(39)『神道大系 文学編一 神道集』一八頁。

(40) 謡曲『三輪』で、三輪明神がその身に受ける「五衰三熱の御苦しみ」が著名。『神道集』では苦痛を受けるのは実者のみだというが、中世には衆生のために苦を受ける権者の神も散見される。

(41)『渓嵐拾葉集』巻四（『大正蔵』七六、五一二頁a）。

(42) たとえば、巻二の熊野権現や伊豆・箱根権現は権者とされるはずの「権現」であるのに、「大明神」号を冠する神々と変わらぬ苦難を受けている。中世には権者の苦難も衆生済度のための方便と考えられていた。

第四章　『神道集』「諏方縁起」の女神と禁忌

はじめに

第Ⅰ部第三章では『神道集』に見える中世の神祇観を確認したが、神仏は人々の現実的な願いによって象られるものであり、当時の社会状況とも不可分である。本章では南北朝期の社会を構成する「家」という視点から、『神道集』の女神とその禁忌があらわすものについて考える。

『神道集』巻一〇「諏方縁起」(1)は、御伽草子「諏訪の本地」の源流とされる物語である。「諏訪の本地」は御伽草子のなかでも伝本の多い作品であり、その人気や需要の高さがうかがえる。それは狩猟神事を旨として肉食を容認する諏訪信仰の広がりも然ることながら、物語自体が人々に好まれるテーマを有していたからにほかならない。

主人公の甲賀三郎は、行方知れずになった妻を探して日本中をめぐり歩き、果ては地底国までさまよう苦難の旅を経験する。そこで語られるのは『神道集』でも重要なモチーフとなる「夫婦」の物語である。夫婦の観念は物語だけではなく、『神道集』の本地説などとも結びついたが、まずは中世の人々の間で享受された「諏方縁起」を見ていきたい。中世社会において、『神道集』はいかなる意味を持ち得たのか。「諏方縁起」に見える女神の性質から、本書の物語の背景を考察する。

一　南北朝期の「家」の問題

巻一〇「諏方縁起」の夫婦について考えるために、まずは中世の「家」のあり方を確認しておきたい。峰岸純夫氏は、中世的な「家」の観念を、およそ以下のように規定している。(2)

・土地と家屋を共有し、そこに居住する夫婦・親子などの生活共同体。
・屋敷や田畠などの家産を所持し、おもに親—子の関係で継承を行う。
・生産や労働の単位として村落共同体の構成要素となり、領主支配の対象となる。

「家」の成立期は、歴史学者によってさまざまに論じられている。たとえば、服藤早苗氏や磯貝富士男氏のように、中世前期に求める向きがある一方で、(3)坂田聡氏は中世前期の民衆層には夫婦別財・夫婦別姓・対偶婚的婚姻形態が残存していたことなどから考えて、父系直系の線で相続する永続的組織体としての「家」は未成立であるとした。(4)坂田氏は「非家社会から家社会への転換期」を南北朝期に求めている。南北朝期を経て中世後期になると、男性の姓に相当する氏女呼称は姿を消し、女性は生涯童名を名乗り続けるようになる。財産権も大幅に制限され、夫権の確立によって未婚・既婚を問わず女性の性的自由はきわめて限定されたものになったという。

嫁取婚が確立すると、他家へ財産を流出させる女子の相続は厭われたが、夫婦別財の原則が残存していた中世前期には、女子にも財産権が認められていたようである。直系男子以外の人間でも父祖に選ばれ家督を継承した例も報告されており、(5)嫡子による完全な単独相続は未確立だった。

嫡子以外が相続する場合は、生来の嫡子との間でしばしば争いもおこった。『神道集』でも、「諏方縁起」や巻八「上野国那波八郎大明神事」は、いずれも末子が家督を継いだことで兄たちの不興を蒙る。『神道集』の物語群が作成された鎌倉末期から南北朝期にかけての相続は、かならずしも直系男子に限らなかったが、それでも父系相続的な性格が強まりつつあり、嫡男単独相続による永続的な「家」確立に向けての移行期だったといえるだろう。

二　『神道集』の夫婦

『神道集』が夫婦の情愛について細やかに語ることは、すでに指摘されている(6)。当時の家長は男女の対であることが理想とされており、『神道集』でもそれに関する言及が散見する。

たとえば、巻七「上野勢多郡鎮守赤城大明神事」では、「小舅ニテ御在シ候ヘハ、高光ノ中将殿ヲ聟ニ取リ奉ルナリ。国司職ヲハ伊香保ノ姫ト同心ニ御計ヒ有ルヘシ(7)」と、国司職を夫婦同心で務めるよう勧められている。また「諏方縁起」では家督を継ぐ甲賀三郎に、父は「母ト諸共ニ世政治スヘシ(8)」と遺言する。これを見る限り、男女の対はかならずしも夫婦である必要もなかったようだが、「諏方縁起」の場合はいまだ三郎に妻となるべき女性が定まっていなかったための処置と解すべきだろう。

同じく「諏方縁起」で、姦計によって三郎を人穴の底へ置き去りにした兄の次郎は、次のように画策する。

三郎ヲハ穴ノ底ニテ責殺、春日姫ヲハ我婦妻トソ世ヲ政治セン。此ノ女人ト申スハ、形人ニ勝テ心賢ケレハ、計世ニ超リ。男女ノ習ナレハ、且クコソ随ハス共、何トカ政治ノ妻マトハ成ラサルヘキ。（中略）其後甲賀ノ次郎、今ハ誰ニカ憚ルヘキ、甲賀ノ館ヘ返リ、春日姫ヲ妻ト定テ世ノ政納メントシ給フニ[9]

次郎は、三郎の妻の春日姫を「政治ノ妻」に迎えて「世ノ政納メン」と考える。中世において、家長の妻に求められた資質はおもに母性・性愛・家政能力とされており[10]、春日姫は「形人ニ勝テ心賢」い、ともに家政を司る相手として望ましい女性だったのである。

なお、村落祭祀の世界でも、同様の傾向が見られた。黒田弘子氏は、中世において荘内の安穏を祈願する宗教活動・村落祭祀には夫婦ペアで参加する例があることを指摘し、「中世の村が家の成立とともに生まれ、家を細胞としていたことを考えれば、村を代表する家＝夫婦の頭は、中世社会の成立とともに生まれた神事奉仕形態だったとみるべきだろう」と、古代の男女ペアによる神事奉仕とは異なる「夫婦頭役」の発生を論じている[11]。

こうした観念は御伽草子へと受け継がれ、夫婦関係を至上のものとする価値観へと繋がっていく[12]。しかし、御伽草子「諏訪の本地」（天正一三年写本）では、次郎が春日姫を「政治ノ妻」に迎えようと考える文脈はない。「春日姫を見たてまつり、日頃存ずる旨なれば、よきついでに三郎を失ひ、この姫君をも取らんと心をかけ給ふ[13]」とあるのみで、『神道集』では繰り返し語られた「世ノ政納メ」ることには触れられていないのである。

『神道集』の夫婦は「家」を構成し、ともに家政を司る存在であることが重視されている。お互いを慕い合う関係でありながら、同時に「家」をとりしきるための対なのである。こうした夫婦の仲を保つために、女性には貞操が求められた。

巻六「上野国児持山之事」では、国司に横恋慕された児持御前が、讒言で流された夫を慕って身重の体で旅をする。夫を慕う妻の様子に心を動かされた神々は、「夫ノ妻ヲ恋テ旅ニ立為師ハ有トモ云ヘトモ、女性ノ尋ヌル旅ノ道為師ハ希ナル事ソカシ」(14)と児持御前を護り導く。

「諏方縁起」の春日姫も、次郎の要求をはねつけた後は三笠山の岩屋に籠もって「男ノ道ヲ断」ちながら、地底国を放浪する夫の三郎を待ち続ける。児持御前も春日姫も、一人の夫を慕う妻として、物語享受者の同情をひく印象的な姿で描かれている。

そうした一方で、妻を亡くした夫は再婚の必要に迫られることが多かった。巻二「二所権現事」では最愛の妻を亡くし、後妻を迎えずにいる中将を、「公卿、殿上人、北面輩マテモ歎キ奉ケル。帝モ諫メサセ給ケレ」(15)と、公卿、殿上人、北面輩が嘆き、果ては帝までが戒めている。『神道集』では、夫が後妻を迎えることを「世間ノ習ヒ」(16)（巻七「赤城大明神事」）だと明言するのである。

夫に先立たれた妻は、巻七「上野国第三宮伊香保大明神事」の伊香保姫のように出家するか、同じく巻七「玉津嶋明神事」「摂州葦苅明神事」のように命を絶っている。当時の「家」は夫を中心に運営される傾向にあり、それを継承するための子供が必要だった。「家」を確たるものとして運営するために、家長の子を産むべき女性には貞操が求められる。夫を慕って遠国まで旅をする児持御前はまた、出産する女性でもあったことに注意するべきだろう。

三　「諏方縁起」の主題

上野国関連の説話を多く収める『神道集』だが、諏訪明神の縁起である「諏方縁起」には、最終巻の巻一〇すべてを費やしている。巻四には「信濃国鎮守諏方大明神秋山事」「諏方大明神五月会事」と二つの祭事の由緒も語られており、『神道集』が編纂された地域の人々にとって諏訪明神がいかに重要であったかをうかがい知ることができる。(17)

諏訪明神の由来には、『古事記』の建御名方神話のほかに、民間に流布した物語があった。俗に甲賀三郎譚とも、後の御伽草子で「諏訪の本地」とも呼ばれるそれは、甲賀郡の地頭甲賀三郎の苦難譚である。

はやく筑土鈴寛氏によって指摘されたように、(18)物語は主人公の名を兼家とするものと諏方とするものの二系統が存在し、内容にも大きな差異が見られる。『神道集』所収の巻一〇「諏方縁起」は、このうち諏方系のものである。諏方系の主題は、三郎と妻である春日姫の別離の悲劇である。これは兼家系と比較すると明白だろう。諏方系に先行して成立したといわれる兼家系の物語は、鬼王退治が主題の一つとして大きく取り上げられている。天文一二年絵巻「諏訪御由来之絵縁起」では、

そのたけ五ちやうはかりたちあかる。八のおもて八はうに打当り、十六の眼をみひらき、百のつのをふりたて、ほんふの人むしにあひてなのらしとおもへとも、よくきけ、われはいかなるものとおもふか、きまんこくのぬし、八面大わうの三男麒麟王とはみつからの事なり。(中略)三郎殿仁わうたちに立給ひて、つるきの法をむすひて、きりんわうになけかけ給ふ。つるきまいあかりて、きりんわうかくひを打切て、地には落す天にあかりて、もとのことくつかは、ゆんてよりうつもつかわり、めてよりうつもつかはる。三郎殿つるきをまねきよせて、法をよく〳〵さつけられたり。剣しらますたゝかひたり。十八とまてそつきたりける。(19)

と、鬼の容貌や退治の過程を詳述する。鬼退治に至るまでのエピソードもこと細かに挿入されており、兼家は鬼王を退治した英雄としての側面が強く意識される。

一方、諏方系の『神道集』「諏方縁起」にも鬼王に関する記述はあるが、兼家系に比べるとほとんど触れられていないに等しい。

北ノ方、甲賀殿ヲ見付ツヽ、夢カヤ夢ト仰ラレケレハ、連ニテ袂ニ取付ツヽ、夢ナラハ覚テノ後ヲハ何カヽセントテ、消入玉ソ哀ナル。甲賀殿心ニ武ト申共、額ヲ合泣居タリ。良久ク有テ、此家ノ主何クヘトソ問給ヘハ、百済国ノ真照天王ノ姫、貌メノ厳御在スニ、取テ来ツヽ、自カ友立ニセントテ、取行スト申サセ給ヘハ、佐テハ吉隙、急セ給ヘトテ、肩ニ引懸、走リ返テ、本ノ藤嚢ヘ入テ、八方ノ縄ヲ動カシ給ヘハ、侍共一味同心ニ引挙給ヌ。[20]

三郎は行方不明になった春日姫と蓼科山で再会すると、鬼王が不在なのを幸いに、連れ立って急ぎ逃亡する。ここで鬼王は姿をあらわさず、退治譚へ発展することはない。兼家系が鬼王退治を詳細に語るのに対し、諏方系ではそれを放棄しているのである。

三郎に狩猟神の性質が強く見られる兼家系では、山巡りは鬼王探索のために行われるものであり、三郎の勇敢さを語る逸話として機能する。妻子と別れる地底の逗留期間も、諏方系に比べて短い。これに対し、諏方系の山巡りは春日姫の捜索が目的だった。地底国の維摩姫と結婚し、幸福な日々を送っていたにも関わらず地上帰還を決意するのも、春日姫への恋しさが募ってのことである。一方の春日姫も、妻になるよう迫る次郎の要求を命がけで拒絶した後、三百年ものあいだ岩屋に籠もって三郎の帰りを待ち続ける。諏方系の主題が夫婦別離の悲劇なのは明白だといえよう。

春日姫はその名が示すとおり、春日明神の庇護を受けた女性である。伊吹山の巻狩りで連れ去られる点や、三郎が地底を遍歴しているあいだ「男ノ道ヲ断」ち、山に籠もり続けていることなどから、本来は山の女神であった可能性を指摘することができる。

春日姫は愛別離苦の末に、諏訪下社の神とあらわれた。この時に、「下ノ宮ノ御誓ニハ、我身女性タリシ故ニ心憂恥見タリシカハトテ、永ク他人ノ膚誡メテ、故ラニ荒膚トテ深禁給ヘリ」[21]と「荒膚」を戒める女神であることが語られる。この「荒膚」とは、一体、何であろうか。「下ノ宮ノ御誓」とある以上、春日姫の性質を考える上で重要な語であるが、この語の意味が判然としない。

これについて柳田国男は、荒膚を赤不浄と解する[22]。

> 下の御社の神は人間に在せし時、女性であるが為に幾多の苦難を受けられた。其思ひ出として今も厳しく荒膚を忌みたまふといふことが、神道集以下の記録に残って居る。その荒膚といふ意味がもう不明に帰しかゝつて居るが、私は是を所謂赤不浄のことだらうと思つて居る。

また、『新潮日本古典文学集成 御伽草子集』の頭注では、荒膚を交合ととらえている[23]。

男女のまじわりでよごれた肌をいう。交合の後何日か神社へ参ることを忌む所が多い。春日姫は甲賀二郎に犯されそうになったので、神となった後も、荒膚の者が参ることをタブーとしたというのであろう。

さらに脇田晴子氏は、

> 私はこの「荒膚」は強姦のことをいうのだと考える。（中略）「貞女二夫に見えず」と言ったところで、女性が性を守り切れない場合は多々あったであろう。それをも女性の罪科のように説く中世の建前的婦徳観念のなかで、心憂き恥を見て、そのために後には神と顕れ、同じ経験を持つ女人を救済し、「荒膚」を戒めるというのは、当時の社会のなかで、非常に適切な願いであり、それに対する救済ではないか。[24]

としている。このほかにも、『日葡辞書』では荒膚をざらざらした表皮とし、『時代別国語大辞典 室町時代編』では、「男子と通じたことのない女子が、始めて自分の肌を男子に許すこと」として、「諏方縁起」の本文を引用する。荒膚にはこのようにさまざまな解釈が存在し、確たる説は定まっていないのである。

四　春日姫と荒膚

『神道集』の神道説を展開する章段の一つに、巻五「女人月水神忌給事」がある。これは女性の月水を中心に、参詣の際に慎むべきものを記した章段である。

> 抑社参仏詣ニ、諸ノ汚穢不浄ヲ忌給事、何ナル義有ル耶。答、汚穢不浄多ト云ヘ共、今ハ殊ニ女人ノ月水重キ汚レヲ誡タリ。

（中略）即女人ノ月水ハ七日ニ限ラス。荒膚・鹿鳥ノ肉食等ハ百日、或七十五日ヲ限トセリ。(25)

ここでは月水と荒膚とを明確に区別している。項目、日数ともに異なる両者を同じものとすることはできず、荒膚を赤不浄とする柳田説はおのずから否定される。

中世に作成された諸社の服忌令を見ても同様である。服忌令は、服喪や触穢に関する参拝遠慮期間を示すもので、以下は各社の服忌令に見られる荒膚、月水、および交合に関する記事の抜粋である。

『文保記(26)』

女犯男。嫁レ夫女。付妊者事。男女共中三日忌レ之。始ニ精進一第五日可ニ参宮一也。荒膚等余社忌レ之歟。当宮者無ニ其儀一也。

『戸隠山物忌量□日記(27)』

一産ヤハ五十日、生子ハ百日、月水アタハタ七日

一ウミナカシ・アラハタ・カラヒル・ニラツチ・アカイハラ・ナマシ丶七十五日、チアラシ百日

『富士浅間宮物忌令(28)』

一、あらはだのいミ三十日……

一、女ぼんのいミ三日……

一、月水忌七日但入だうハ八日、ほうべい十日

『永正記』(29)

女犯男。嫁レ夫女事。男女共中三日忌レ之。始精進。第五日可二参宮一也。可二梳髪一歟。荒膚等七十五日。余社忌レ之歟。於二当宮一者。無二其儀一也。此事委細見二元始要録一矣。

荒膚の忌みは「三十日」から「七十五日」とまちまちだが、月水の多くは七日である。期間の長さを考えても両者は穢れの程度に明らかな差があることがわかる。同時に、『新潮日本古典文学集成』のいう交合とも別である点に注目すべきである。

『文保記』『永正記』は、中世における伊勢の服忌令である。ここで男女の交合は、「男女共中三日忌レ之。始精進。第五日可二参宮一也」と規定されるが、荒膚は「荒膚等七十五日。余社忌レ之歟」とあるとおり、一般的には七十五日を忌むとされる。『文保記』を見る限り、荒膚も男女の交合と関連するものであることは想像がつくが、しかしあくまで通常の交合とは異なって語られていることに注意したい。

前掲の資料において、荒膚・月水・交合が明確に区別されているものは、明応六年（一四九七）の『富士浅間宮物忌令』である。ここでは、「あらはだのいミ三十日」「女ぼんのいミ三日」「月水忌七日」と、三者がすべて別項目で書かれている。

通常の交合は、諸社の服忌令において、

□（女カ）犯《ホン》三ヶ日（祇園社服忌令案[30]）

女犯之事、はしめハ七日後妻三日社参可レ憚。（延宝九年服忌令[31]）

淫事　三日、但、日所作且行水して勤むべし。（安楽寺服忌令[32]）

と、一般的に三日から七日程度を忌むものであって、七十五日を忌む荒膚と同一視することはできない。

一七世紀以降の服忌令には荒膚の語が見られなくなり、のちに作成された諏方系の物語、お伽草子「諏訪の本地」にも荒膚の語が欠落しているものがある。比較的早く成立した天正一三年（一五八五）本、寛永二年（一六二五）本には、

さて下の宮は甲賀の二郎に仇まれ給ひし故に、ことさら荒膚をば忌ましめ給ふ。（天正一三年本[33]）

と荒膚の語が記されるが、時代が下って弘化四（一八四七）年の斯道文庫本になると、

下の宮、春日姫と、本地せんじてくわんおん成、次郎頼忠に、うとまれたまへて、ふかくうらあり、いよ〱、いましめ給ふ成[34]。

とだけ書かれており、荒膚の語が抜け、春日姫が何を「いよ〱、いましめ給ふ」かが曖昧である。斯道文庫本は本文の脱落部分が多いなどの問題はあるものの、荒膚の語が使用されなくなり、意味が不明になるのとあいまっ

て、文中から消えてしまったとも考えられる。

『日葡辞書』のざらざらした肌という解釈、『時代別国語大辞典』の「男子と通じたことのない女子が、始めて自分の肌を男子に許すこと」では、文脈に即しているとはいいがたく、ここで使用されている荒膚の意味としては採用できない。

荒膚に関する諸説には以上のような問題があるが、では「諏方縁起」に語られる荒膚はどのような意味を持つ語だったのか。『神道集』「女人月水神忌給事」はまた、後半部分で以下のように述べている。

次荒膚事ハ、優塡王経ニ云、始ハ既ニ不見道、君臣乱リテ、上下眠ヲ廻ス。正法ノ為ニ錯乱、為ニ正法迷禁云々　尤罪、恩愛一度縛着ノ、牽テ罪ノ門ニ至ルト云々　正法念経云、自ノ妻モ足ル事ヲ生、他ノ妻女婬ノ事好、此人慚愧ノ心無クシテ、苦ヲ受タリ。常ニ楽無、現世来苦受及打縛ツヽ、身ヲ捨地獄生ニ云々　婬犯ノ罪己ニ在テ、他ノ為ニ無罪故ニ、重罪事ヲ得タリ。参詣百日忌。(35)

この部分では『優塡王経』と『正法念処経』を典拠に、荒膚を忌む理由を語っている。『優塡王経』は、女色を誡めることを説いた経である。『優塡王経』の偈文によれば、この部分は「婬既不見道、日夜種罪根、現世君臣乱、上下為迷昏、王法為錯乱、正法為迷楙」であり、「恩愛一度縛着ノ、牽テ罪ノ門ニ至ル」は「恩愛一縛著、牽人入罪門」となっている。(36)一方、『正法念処経』巻七「地獄品之三」には、

起婬欲心、憶念自妻、婬他婦女。彼人以是悪業因縁、身壊命終、堕於悪処合大地獄、生無彼岸受苦悩処、受

大苦悩、作集業力、受如是苦。（中略）彼地獄人、自心所誑、如是受苦。[37]

とあり、『神道集』とほぼ同じことを述べている。やや意味が取りにくい部分もあるものの、「女人月水神忌給事」では『優塡王経』『正法念処経』を、ともに邪淫を戒める例として引用しているのである。[38] そしてそれが通常の交合でないことは、先述したとおりである。

「家」を継承する跡継ぎの必要性を強調し、夫婦の仲を称賛する『神道集』において、夫婦の交合は否定されない。そうしたなかで、荒膚はとくに邪婬の心からおこる男女の交合なのである。これは、『正法念処経』の「起婬欲心、憶念自妻、婬他婦女。彼人以是悪業因縁」という記述や、「諏方縁起」本文の「他人《ノ》膚誡《メテ》」という表現を踏まえて考えると、夫婦以外の男女の交わり、つまりは姦通のことではないだろうか。

三郎が地底に置き去りにされた後、春日姫は次郎に妻になるよう迫られるが、

忠臣《ハ》二君《ニ》仕《ヘス》、貞女《ハ》両夫《ニ》嫁《カス》。恥知《レハ》武士、何《ソ》両《リノ》主《ノ》顔《ヲ》見《ヲヤ》。恥《アル》女人《ハ》亦、両《リノ》男《ノ》膚《ヲナラサンヤ》。
（中略）小《シモ》命《ハ》惜《カラス》。急《キ》迷途《ニ》趣《テ》、甲賀殿《ト》行列《ツ》、、死手《ノ》山、三途《ノ》大河《ヲハ》手《ニ》々《ヲ》取《リ》組《テ》渡《ルヘシ》。[39]

と、命を落しそうになりながらもその要求を拒む。

春日姫はいわゆる「貞女」であり、「恥《アル》女人《ハ》亦、両《リノ》男《ノ》膚《ヲナラサンヤ》」と夫以外の人間へ嫁すことを強く拒否した。そして、三郎が地底を遍歴している三百年の間、「男《ノ》道《ヲ》断」って岩屋に籠もり、その帰りをひたすらに待ち続けるのである。これらのことから考えると、荒膚はやはり姦通の意味でとるのが妥当であるように思わ

れる。荒膚が姦通であるとすれば、春日姫の有する性質はおのずから明らかになるだろう。

『神道集』の夫婦はとくに家政を司る側面が強く意識されているのは先述したとおりである。妻には家政能力が期待され、同時に家父長の子を産み、夫婦の仲を保つため貞操観念をも要求された。「貞女」である春日姫は、「形人ニ勝テ心賢」い理想的な妻である。

自らの行動をもって「貞女」の姿を示し、神となって姦通を戒める春日姫は、姦通を忌避することで夫婦の間を保ち、ひいては夫婦によって運営される「家」を保つ。おそらく当初は山の女神としての性格を有していた春日姫は、荒膚を戒めることで、家の営みを擁護する女神となったのではないだろうか。

おわりに

本章では「家」と女性との関係、おもに「諏方縁起」の荒膚の語に焦点をあて、神々の性質について考察した。『神道集』の物語群が作成された鎌倉末期から南北朝期の社会では「家」確立に向けた父系相続的性格が強まっており、『神道集』の神々の姿も、そうした中世社会の状況と連動している。(40)

『神道集』では、ほかにも巻五「天神七代事」で、男女の対偶神である四代の泥土煮尊・沙土煮尊について「四者埿瓊ノ尊、此モ陽神ニシテ男ナリ。兄ナリ。其御妹トハ𡋽瓊《スヒチニ》尊、此ハ陰神ニシテ女ナリ。終ニハ夫婦タリ」(41)と、『日本書紀』にはなかった「夫婦」の語を使用していることが指摘されている。(42)

さらに、五代の「大戸之道尊・大戸間辺尊」、六代の「面足尊・惶根尊」も、『神道集』ではそれぞれ「夫婦ト成」て、「政行ナシ給」「政ヲ助ケ給」と記しているのである。記紀神話における最初の夫婦は、七代の伊弉諾・伊弉冉尊であるため、本来、それ以前の神々に夫婦の語は用いない。これも中世の社会情勢が神話叙述に反映した一例であろう。このように『神道集』の神々の本縁譚は、神道説や中世社会と結びついているのである。

注

(1)本縁起の題名を、流布本は「諏訪縁起」と記すが、赤木文庫本は主人公の甲賀三郎諏方の名前を冠して「諏方縁起」としている。本稿では、赤木文庫本の表記に統一した。

(2)峰岸純夫「中世社会の「家」と女性」(『講座日本歴史3 中世1』東京大学出版会、一九八四年)。

(3)服藤早苗「子育ての単位・家の成立」(『平安朝の母と子』中央公論社、一九九一年)、磯貝富士男「下人の家族と女性」(峰岸純夫編『中世を考える――家族と女性』吉川弘文館、一九九二年)参照。

(4)坂田聡「中世の家と女性」(『岩波講座日本通史 第8巻 中世2』一九九四年)。

(5)高橋秀樹「在地領主層における中世的「家」の成立と展開」(『日本中世の家と家族』吉川弘文館、一九九六年)。

(6)貴志正造「『神道集』の唱導性」(『二松学舎大学論集』昭和四七年度、一九七三年三月)、村上学「『神道集』の世界――「祇園大明神事」を通じて」(本田義憲編『説話の講座5 説話集の世界2』勉誠社、一九九三年)、脇田晴子「「家」の成立と中世神話」(脇田晴子、S・B・ハンレー編『ジェンダーの日本史 上』東京大学出版会、一九九四年)、渡辺匡一「『神道集』における夫婦――後半部の神道論をめぐる一考察」(菅原信海編『神仏習合思想の展開』汲古書院、一九九六年)など。

(7)『神道大系 文学編一 神道集』(神道大系編纂会、一九八八年、二〇五、二〇六頁)。なお、『神道集』の引用は『神道大系 文学編一 神道集』および『貴重古典籍叢刊 赤木文庫本 神道集』(角川書店、一九六八年)による。本文の欠落・誤記・訓点等は諸本によって補訂したところがあり、句読点を私に付して、通行の字体にあらためた。

(8)『神道大系 文学編一 神道集』二七九頁。

(9)『神道大系 文学編一 神道集』二八五、二八六頁。

(10)脇田晴子「母性尊重思想と罪業感」(『日本中世女性史の研究――性別役割分担と母性・家政・性愛』東京大学出版会、一九九二年)、

服藤早苗「家の成立と性愛」(『平安朝の女と男』中央公論社、一九九五年)など。
(11)黒田弘子「中世後期の村の女たち」(女性史総合研究会編『日本女性生活史 第2巻 中世』東京大学出版会、一九九〇年)。
(12)佐伯順子「お伽草子における男女関係」(岡野治子編『女と男の時空3 日本女性史再考』藤原書店、一九九六年)。
(13)天正一三年写本『諏訪の本地』(『新潮日本古典集成 御伽草子集』二六〇、二六一頁)。
(14)『神道大系 文学編一 神道集』一八二頁。
(15)『神道大系 文学編一 神道集』四四頁。
(16)『神道大系 文学編一 神道集』一九七頁。
(17)村上学「『神道集』の世界――「祇園大明神事」を通じて」(前掲注6)、渡辺匡一「『神道集』と諏訪明神――王権、肉食をめぐって」(『むろまち』二、三弥井書店、一九九三年一二月)など参照。
(18)筑土鈴寛「諏訪本地・甲賀三郎――安居院作神道集について」(『国語と国文学』6・1、一九二九年一月)。
(19)伝承文学研究会編『伝承文学資料集 第一輯 神道物語集(一)』(三弥井書店、一九六六年、一五、一六頁)。
(20)『神道大系 文学編一 神道集』二八五頁。
(21)『神道大系 文学編一 神道集』三一六頁。
(22)柳田国男「甲賀三郎の物語」(『柳田国男全集』一五、筑摩書房、一九九八年)。
(23)松本隆信校注『新潮日本古典集成 御伽草子集』二八三頁頭注。
(24)脇田晴子「「家」の成立と中世神話」(前掲注6)。
(25)『神道大系 文学編一 神道集』一五二頁。
(26)『文保記』(『群書類従』二九輯、五〇九頁)。
(27)『戸隠山物忌量□日記』(『神道大系 神社編二四 美濃・飛騨・信濃国』三八七頁)。
(28)『富士浅間宮物忌令』(『神道大系 神社編一六 駿河・伊豆・甲斐・相模国』三三頁)。
(29)『永正記』(『群書類従』二九輯、五二八頁)。
(30)『祇園社服忌令案』(『神道大系 神社編一〇 祇園』一六一頁)。

（31）『延宝九年服忌令』（『神道大系 神社編四〇 厳島』二七七頁）。
（32）『安楽寺服忌令』（『神道大系 神社編四八 大宰府』三一一頁）。
（33）『新潮日本古典集成 御伽草子集』二八三頁。
（34）慶大斯道文庫蔵弘化四年写本『諏訪草紙』（『室町時代物語大成』第八、角川書店、一九〇頁）。
（35）『神道大系 文学編一 神道集』一五三頁。
（36）『優塡王経』（『大正蔵』一二、七一頁c、七二頁a）。
（37）『正法念処経』巻七（『大正蔵』一七、三七頁a）。
（38）渡辺匡一「『神道集』の神々――縁起を規定する神道論の検討」（『解釈と鑑賞』60・12、一九九五年一二月）では、神道論的見地から荒膚を神社制度としてとらえ、「邪淫を引き起こす女人の罪障」だと述べている。
（39）『神道大系 文学編一 神道集』二八六頁。
（40）『神道集』ではまた、神々の前世における血縁・主従関係を重んじる。「この把握の仕方は、血縁性・地縁性によって結束を固めようとする村落共同体の志向と呼応するもの」だと、大島由紀夫「『神道集』の神々」（『解釈と鑑賞』65・10、二〇〇〇年一〇月）に指摘。これは「家」を語る姿勢と決して無関係ではない。
（41）『神道大系 文学編一 神道集』一五〇頁。
（42）『神道集』巻七「天神七代事」の夫婦の叙述については、渡辺匡一「『神道集』における夫婦」（前掲注6）を参照のこと。渡辺氏はこの叙述に関して、「神々の系譜の中に夫婦の起源を見ようとしている」と指摘している。

第五章　『神道集』「白山権現事」の王子たち

はじめに

本章では『神道集』巻六「白山権現事」を取り上げ、唱導の常套句を用いて形成された本地説に、個別の神祇信仰がいかなる形で取り込まれているかを確認したい。

第Ⅰ部第二章では、『神道集』の本地説が表白や願文に連なる表現形式であることを確認した。これは『神道集』の本縁譚が法会で語られる譬喩・因縁に通じる語り口であることとも併せて、本書の叙述が仏教儀礼の言説に起因することを示している。本地垂迹説を基盤とする『神道集』において、本地説の理解は欠かせないものである。信仰世界の内実を伝える情報を豊富に含みながら看過されがちな本地の問題をとおして、『神道集』に反映された神祇信仰のあり方をあらためて考えたい。これはまた仏事法会における神祇信仰の受容を知る上でも有効な糸口となるだろう。

一　「五人王子」の本地説

『神道集』巻六「白山権現事」では、「北陸加賀国白山」に応跡した白山権現の鎮座の由来[1]と、神々の本地説が語られている。最初に説かれるのが、白山信仰の中心となる三所権現（御前峰・大汝峰・別山）である。

白山権現者、大御前ハ十一面観音也。小男地《ヲナンチ》ハ本地アミタ也。因万タラノ面也。別山大行事ハ本地請観音也。(2)

ここで三所権現は、御前峰の本地が「十一面観音」、大汝峰が「アミタ（阿弥陀）」、別山が「請観音（聖観音）」であることが明かされる。(3)三所権現は白山信仰の中心となる神々だが、『神道集』では本地を記すだけの簡潔な記述にとどまっている。

これに対して、詳細に叙述されるのが、三所権現に続く「五人王子」の本地説である。「五人王子」は白山権現の御子神であり、『神道集』では「太郎」「次郎」「三郎」「四郎」「五郎」と称して、それぞれの本地説が展開されている。たとえば、五人のなかでもっとも紙幅が割かれる「四郎王子」は、次のように説かれる。

四郎ノ王子ハ、毘沙門天王也。毘沙門ノ本地ハ文殊ナリ。々々ハ三世ノ覚母也。【十方国土ノ諸仏ハ、以二此菩薩ヲ一覚母トシ、三世常ノ住如来ハ、此ノ大士ヲ以テ導師トシ給ヘリ。釈迦ニハ九代ノ師、弥陀ニハ三昧ノ母タリ。霊鷲山ニ住シテハ、幼稚ノ龍女ヲ化シテ円頓速成ヲ顕シ、如来果ニ在シテハ、老雲州ノ浄名ニ対シテ方便応作ノ病ヲ訪ヒ、故ラニ等覚無垢ニ留テ、応ヲ十方ニ垂レ、誓テ妙覚ニ登ラスシテ、物ヲ九界ニ利ス。印土ニ遊テハ、妙音大士ト位ヲ諍ヒ、漢国ニ遊テハ、道超禅師ト膝ヲ交ヘテ、或ハ真容ヲ現シ、或ハ霊像ヲ示ス。乞句《カイ》ト成リ、小児ト成ル。随縁方便ノ利益称計スヘカラス。裸形ノ童子トシテハ、而モ道ニ合ヘリシニ、天竺ノ梵僧此ヲ悟ラス、海雲比丘トシテハ、而モ清涼山ノ沙弥ト遊戯スルニ、此ヲ知ル事無シ。加之ス名号ヲ聞ク者ノハ、十二億劫ノ生死ノ罪ヲ除テ、彼ノ地ヲ踏者ノハ、三途八難輪廻ノ苦ヲ除ク。タラニ名集経ニハ、随心所欲、皆当往

生《ト》説《テ》、泥洹経《ニハ》、十二劫中、不堕悪道《トモ》宣《タリ》。名《ヲ》聞《テ》地《ヲ》踏《ム》者《ノハ》、利益《ヲ》蒙《ル》事、此《ヲ》以《テ》知《ヘキ》也。(4)】

「四郎王子」は「毘沙門天王」であり、毘沙門天の本地は「文殊」菩薩であるとして、文殊菩薩の事跡と功徳を賛嘆している（引用中の【 】と波線部については後述）。

ほかの王子たちも同様に、「太郎」は不動明王、「次郎」は虚空蔵菩薩、「三郎」は地蔵菩薩、「五郎」は弥勒菩薩とされ、五人の記事が本章段の大部分を占めている。三所権現が本地の名を記すのみであったことに比して、御子神たちには多くの文言が費やされている。山頂に坐す女神である大御前と、大汝・別山大行事の二神、そしてそれを囲繞する御子神たちという構図を描きながら、『神道集』は、わけても王子たちへと視線を注いでいるのである。

この「五人王子」の本地説には、第Ⅰ部第二章で掲げた願文や表白に通じる表現上の特徴が指摘できる。具体的には、垂迹と本地の功徳を列記する形式や、対句などの美的修辞の使用、そして経典による例証（前掲「四郎王子」波線部）といった点である。こうした要素は『神道集』の本地讃歎文に散見し(5)、本書が法会の言説(6)と近い世界で編まれたことを示している。

また、「五人王子」の本地説には、『神道集』のほかの章段との同文的章句も多い。『神道集』では、たとえ異なる神であっても、本地仏が同一ならば、同じ文言を使用して本文を形成している(7)。「太郎」「四郎」「五郎」の本文も、大半が巻三「武蔵六所明神事」にも認められる章句であり、「次郎」「三郎」の本文は、巻三「上野国九ヶ所大明神事」の詞章と近似している(8)（表参照）。

「四郎王子」の場合は、引用文の【 】内が「武蔵六所明神事」と共通しており、一見しただけでも多くの部分が重なることが確認できるだろう。文章が再利用される様相は、説草などが作成される過程を連想させ、こうした作文の方法も『神道集』の成立背景を探る上で重要な手がかりとなる。このように『神道集』「白山権現事」は、法会の言説に通じる表現を用いて白山に遍在する神々を称揚し、その功徳を仰いでいるのである。

しかし、本章段ではなぜ「五人王子」という眷属が中核に据えられているのであろうか。じつは、そこに『神道集』がすくい上げた白山信仰の重要な要素が投影されているのである。

（表）「白山権現事」における同文的章句

白山権現の五王子	同文的章句を含む章段（祭神）
太郎王子	巻三「武蔵六所明神事」（六宮・椙山大明神）
次郎王子	巻三「上野国九ヶ所大明神事」（二宮・赤城大明神）
三郎王子	巻三「上野国九ヶ所大明神事」（二宮・赤城大明神）
四郎王子	巻三「武蔵六所明神事」（一宮・小野大明神）
五郎王子	巻三「武蔵六所明神事」（五宮・金讃大明神）

二　白山信仰と禅定道

加賀・越前・美濃・飛騨にまたがる白山は、「禅頂」と称される最高峰の御前峰をはじめとして、大汝峰、剣ヶ峰、別山などの峰々が寄り集まった山系の総称である。(9) 四季を通じて雪をいただく秀麗な山容と、四方の平野を潤す豊かな水源を有し、古来より神の山として畏敬されてきた。

平安時代以降は登拝修行が行われ、加賀・越前・美濃に「馬場」という白山信仰の拠点が開かれている。(10) 馬場は「禅定道」と呼ばれる白山登山道の起点であり、加賀では白山寺（白山本宮）、越前では平泉寺、美濃では長瀧寺を中心に、それぞれ独自の組織を形成した。(11)『神道集』は、「北陸加賀国白山」と明言しているため、三馬場のなかでも加賀馬場の立場によるものと推察される。(12)

加賀馬場の最古の縁起で、長寛元年（一一六三）に原型が成ったといわれる『白山之記』には、馬場の様子が以下のように記されている。

従劫初一以来、常雖二仏菩薩集会砌一、機感時至テ、養老三年己未七月三日御宅(託)宣成始、至此長寛元年癸未四百四十五ケ年也。雖垂跡加州、天長九年壬子、三方ノ馬場開テ、即従三方ノ馬場一、参詣御山ニ、道俗恒沙非喩一。（中略）凡求二官位福寿一ヲ、願智恵弁才一、随願一任望一、一々ニ無不二円満一。従三方馬場一参詣ノ輩、皆其馬場ノ別当ニ捧御弊(幣)一令二中事。(13)

天長九年（八三二）に「三方馬場」が開かれ、そこからおびただしい数の人々が白山へと参詣し、馬場の別当に御幣を捧げて祈念した様子が語られている。ここで人々が馬場から白山禅頂まで歩いた道「禅定道」が、『神道集』に関わってくるのである。

『神道集』で主役となった「五人王子」は、熊野の九十九王子のように、白山へ登拝する人々を護り導く存在だった。[14]「白山権現事」では、その本地を次のように記している。

太郎王子（剣御前）　不動明王
次郎王子　虚空蔵菩薩
三郎王子　地蔵菩薩
四郎王子　毘沙門天／文殊菩薩
五郎王子　弥勒菩薩

ただし、「五人王子」の具体的な名称と本地は、『神道集』にしか確認できない。たとえば『白山之記』には、白山権現の眷属として「佐那武」の「王子五所 白早取五所宮」と見えるものの、個々の名称は示されていない。また、大永七年（一五二七）に加賀馬場で作成された『大永神書』には「白山六所王子」と掲げられているが、[15]こちらも『神道集』とは本地が一致せず、そのまま『神道集』の五王子とみなすことは難しい。こうした状況から、「五人王子」に配当される堂社には諸説が唱えられているが、[16]ここでは加賀馬場から山頂へ向かう加賀禅定道に着目したい。

加賀禅定道は、白山本宮から手取川を遡って尾添へ至り、そこから尾根をたどって山頂へ到達する登拝路である。[17]時代によって変遷があるため、中世の経路を確定するのは困難だが、『白山之記』には禅頂の東の谷にある「宝池」から山を下る道筋が記され、それによって当時の禅定道の途次にあった堂や王子をうかがい知ることができる。

御在所ノ東谷ニ有宝池。人跡不通一。唯有日域聖人一、汲其水々云。（中略）立テ其次ノ石室一ヲ坂ヲ下テ、有一ノ岳一。名藁履《ワラツ》ノ御峯一。上道ニ進藁履一。有小社一、安多門天一。次又有一霊験宝社一。号檜新宮一ト。垂迹禅師権現本地ハ是地蔵菩薩也。精進勤行於此建立人ハ、乃美郡軽海郷松谷住如是房ト云人、奉崇一之後及二百歳一矣。練行之輩来集二シテ此所一ニ、精進勤行於此宝社一ニ。夏衆ノ勤行叵《カタシ》注尽シ。（中略）次ニ有宝社一。名加宝一。虚空蔵菩薩垂迹也。次ニ大河ノ上ニ、以大縄一両岸ニ結付之一、構轆轤一。乗人渡之一。名葛籠渡。(18)

ここに登場する堂社を禅頂に近いものからあげていくと、藁履を奉納するという「藁履御峯」の小社が「多聞天」（毘沙門天）、夏になると練行衆が精進勤行する「檜新宮」の本地仏が「地蔵菩薩」、さらに山を下った「加宝」（加宝社）が「虚空蔵菩薩」となり、『神道集』の五王子のうち、次郎・三郎・四郎と本地が一致していることに気づく。また、太郎は『神道集』に「太郎ハ剣ノ御前、御本地ハ不動明王也」とあり、「剣ノ御前」と称されていることから、御前峰の北に聳える「剣ヶ峰」を奉斎する里宮・金剣宮を指していると推測される。白山本宮の北に位置する金剣宮は、『白山之記』において「白山第一王子」と称され、加賀馬場の縁起で重視される存在だった。その姿は、衣冠を整えて銀弓金箭を帯び、金の大刀をはいた男神であるという。(19) 金剣宮の本地は倶利伽羅明王、すなわち「不動明王」の変化身とされており、太郎の本地とも一致している。(20)

すると、『神道集』の「五人王子」のうち、五郎を除く四王子が、加賀馬場と白山頂上を結ぶ禅定道に沿って存在する堂社であり、しかも麓に近い場所から、太郎、次郎、三郎、四郎と頂上に向かって順にのぼっていくのがわかる（地図参照）。つまり、『神道集』の白山縁起は、山麓から禅頂まで禅定道をたどるように配置された王子を主題としたものだったと考えられるのである。(21)

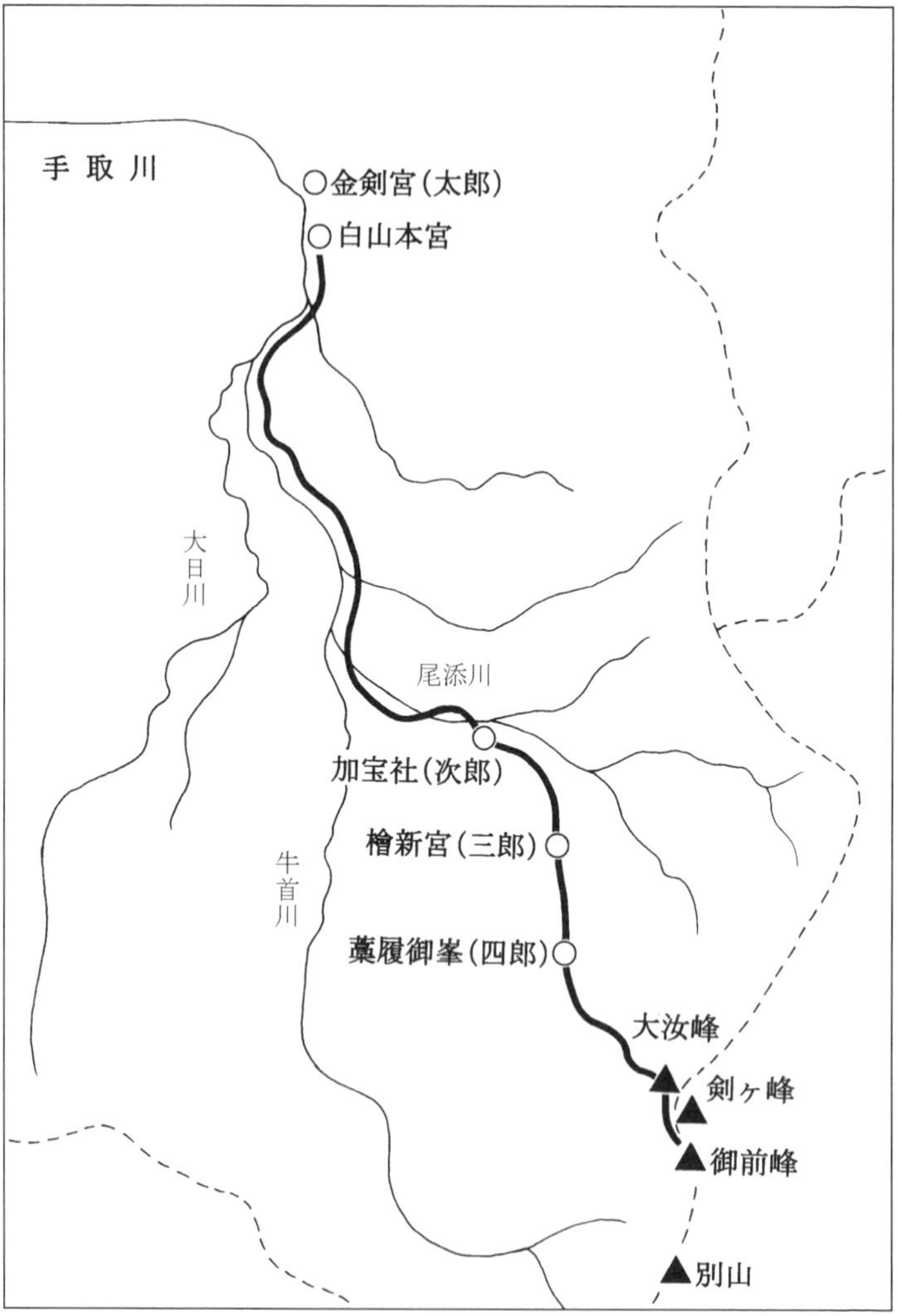
手 取 川
○金剣宮（太郎）
○白山本宮
大日川
尾添川
加宝社（次郎）
檜新宮（三郎）
牛首川
藁履御峯（四郎）
大汝峰
剣ヶ峰
御前峰
別山

三　白山と五台山

ここで再び、前掲の「四郎王子」に注目したい。四郎王子の本地は、「毘沙門天王」であった。しかし『神道集』は、「毘沙門ノ本地ハ文殊ナリ」と続け、毘沙門天の本地とされる文殊菩薩へと話題を移しているのである。[22]

毘沙門天に関しては、『神道集』巻三「武蔵六所明神事」に詳細な記述がある。先述したように、「武蔵六所明神事」と「白山権現事」は多くの章句を共有している。したがって「武蔵六所明神事」の文言を利用すれば、毘沙門天の本文も容易に作成できたはずである。それにも関わらず、あえて文殊菩薩のことを語る意図はどこにあったのだろうか。

白山について、「白山権現事」の冒頭には、こう書かれている。

抑白山権現ト者、北陸加賀ノ国白山ノ雪山ニ跡垂給ヘリ。彼御山ト申ハ、千歳ノ寒氷永結テ解ケス。四節ノ名花ハ一時競ヒ開クト云々胡紫ノ白根ハ、白雪積テ潔シ。婆梨ヲ申ヘテ山トセリ。此ノ如ノ清浄ノ霊地ニ、応迹和光ノ事ヲハ、代何レノ々ノ時トカ云ハン。此山ハ高聳ケテ、白雪初テ雨リ下タリケル昔ヲソ、権現応迹ノ示現ノ初トハ申ヘキ。仏眼神眼ノミ吉ク此ヲ知食ス。[23]

溶けない氷をいただき、四季の花々が競うよう開く白山は、七宝の一つである玻璃をのべて山にした清浄の霊地である。白山にはじめて白雪が降った昔こそ、権現がこの地に顕現したはじめであり、仏神だけがそれを知るのだという。こうした記述から想像される白山は神秘的で美しい。その山容はすでに平安末期の『本朝続文粋』巻一一「白山上人縁記」で、以下のように記されている。

白山者山嶽之神秀者也。介《ハサマ》二在美濃・飛騨・越前・越中・加賀五箇国之境一矣。其高不レ知二幾千仞一、其周遙亘二数百里一。天地積レ陰、冬夏有レ雪。譬如二葱嶺一。故曰二白山一。夏季秋初、気喧雪消、四節之花、一時争競開。(24)

高く聳える秀麗な峰、夏でも残る雪渓、一斉に咲きそろう花々。「四節之花、一時争開」という表現は、『神道集』のほかにも鎌倉時代に著された『本朝諸社記』などに認められる叙述であり、白山を形容する常套句であった。白山は、短い夏の間に可憐な高山植物が咲く花の山として知られ、かかる描写も現実の山々の風景から生み出されたものであろう。

八世紀以降、高山峻岳を仏菩薩の曼荼羅世界とみなし、そこで修行することで仏菩薩と一体化しうるという山岳観が生まれたが、(25)幽玄な景色の広がる白山も、こうした観念を受けて次第に仏の浄土と結びつけられていった。たとえば『本朝諸社記』では、

或云。謹以我山ハ、四季花発一時一ニ、露同蓬莱五露一ニ。五葉松待テ三会一ヲ、□図ツシ鶏足ノ一声一ヲ、峯穿テ三十三天雲一ヲ、昇レハ近ツキ都率之内院一ニ、谷徹テ十六洛叉ノ地ヲ、ミヲロセハ怖地獄業因一ヲ。（中略）凡所触耳目、毎事生身ノ仏土ナリ。名キ高ク五天雲一、誉《ホマレ》満大唐ノ霞一ニ。理哉々々、忝哉々々。(26)

白山の耳目に触れるところは、ことごとく「生身ノ仏土」だと説かれている。(27)この意識を端的に示すのが、越前馬場で明応九年（一五〇〇）に書写された『白山権現講式』だろう。

抑彼ノ白山ト者、不思議ノ霊崛《クツ》、未曽有ノ勝地也《ナリ》。奇巌峨々疑ヒレ呑ムカト二銀漢ヲ一、幽谷深々トシテ省《ヲホユ》レ徹《トヲルカト》二金輪ニ一。三光雖レ高シト、手ノ中《ウチ》ニ可《ヘシ》レ採《トツ》。八埏《ヤツエン》雖レ広シト、足ノ下タニ被ルレ蹈《フマ》。（中略）加レ之衆華《クワ》一時ニ争ソヒ開イテ、顕シ二三世一念之理ハリヲ一、寒雪四季ニ無《ナウシテ》レ消ユルコト、表スニ諸法本来之相ヲ一。凡ソ厥《ソノ》草木《モク》、非スニ常ノ草木ニ一、自ヲ染二出《イタセリ》四曼陀之色ヲ一。巌崛非スニ常ノ巌崛一、只タ削リ二成セリ三昧耶之形ヲ一。誠ニ是レ法性自爾《ニ》トシテ、非ルニ作ノ所成ニ一者《モノ》歟。故《カルカユヘニ》妙理大菩薩ノ言《ノタマハク》、森々タル瑞木《ホク》、蘺《リ》々タル異草、悉ク是レ吾カ王子眷属所居也云々。当ニレ知ル、此ノ山ハ神代之都城、寂光之浄土ナリ。依レ之運フレ歩ミヲ者ノハ、三業之罪忽ニ滅シ、凝ラスレ信ヲ者ノハ、六根之垢カ速ヤカニ除ク。[28]

白山の草木は四種曼荼羅の色を染め出し、巌崛は三昧耶形を削り成し、森の瑞木や生い茂る異草には、権現の王子眷属たちが宿っている。白山は「神代之都城」であり、仏国土の「寂光之浄土」であるから、ここへ歩みを運ぶ者は「三業之罪」をたちまちに滅し、信を凝らす者は「六根之垢」を速やかに除くのだと称えられている。中世において、白雪をいただく清らかな女神の霊地・白山は、登拝する者の罪業を除く浄土だったのである。白山を浄土とすることに関連して、『白山之記』では、中心の三山と剣ケ峰に言及した後に、次のような興味深い記事を載せる。

凡ソ案山為体一、不異震旦五台山ニ一。五台ハ大聖文殊ノ栖《スミカ》宅地。白山ハ観音サタ利益ノ砌也。一度践《フム》清涼ノ峯一者、必預文殊利益一、一度白山攀《ヨツル》類、不疑二観音ノ冥助一者歟。[29]

白山の様相は、文殊菩薩の住む晨旦の五台山に異ならず、五台山の峰を踏めば必ず文殊の利益にあずかれるのと同様に、ひとたび白山にのぼれば、観音の冥助は疑いがないという。五台山は、中国山西省に位置する山で、『華厳経』に見える「清涼山」にあたり、文殊菩薩が住む聖地として信仰を集めた場所であった。白山が五台山と並び称される例は、『梁塵秘抄』巻二にも見られる。

すぐれて高き山《せん》　大唐唐《だいたうたう》には五台山　霊鷲山《りやうじゆせん》　日本国には白山天台山《しらやまてんだいさん》
音にのみ聞く蓬莱山《ほうらいさん》こそ高き山《さん》[30]

「すぐれて高き山」として、唐の「五台山」と天竺の「霊鷲山」、日本では「白山」「天台山」があげられている。天台山は比叡山の別称であるから、ここでは比叡山と霊鷲山、白山と五台山が並べられているわけである。これらを踏まえて四郎王子の本地説に立ち戻ってみれば、『神道集』が四郎を「毘沙門天」としながら、「文殊菩薩」へと話題を移している理由が明らかとなろう。それは白山が、文殊菩薩の聖地である五台山にみなされる意識の反映だと考えられるのである。[31]

さらに、『神道集』の四郎王子の本地説には、次のようにあった。

加之ス名号ヲ聞ク者ノハ、十二億劫ノ生死ノ罪ヲ除テ、彼ノ地ヲ踏者ノハ、三途八難輪廻ノ苦ヲ除ク。（中略）名ヲ聞テ地ヲ踏ム者ノハ、利益ヲ蒙ル事、此ヲ以テ知ヘキ也。[32]

「彼ノ地」が文殊菩薩の霊地を指していることは、文脈からも明らかである。ここでは、文殊菩薩の名号を聞く者は十二億劫にもおよぶ生死の罪を除き、文殊菩薩の霊地を踏む者は三途八難の苦を除くと約されているのである。これはそのまま、文殊菩薩の住む五台山に擬される霊地「白山」を「踏む」ことと結びつく。白山を踏むことは、つまり、禅定道をたどることにほかならない。

熊野の九十九王子がそうであるように、白山権現の御子神である「五人王子」たちは、禅定道の守護神であった。そのため、禅定道をたどることが実践的な信仰の中心となっていた白山の本地説は、その途次を護る王子たちが主役となったのではないだろうか。ここに白山の禅定道をめぐる信仰のありさまが鮮明に浮かび上がってくる。

そして、すでに述べたように、『神道集』の本文が願文や表白などに通底するものであることを勘案すると、波線部で「名ヲ聞テ地ヲ踏ム」として、聖地を「踏む」ことと同時に、仏の名を「聞く」ことの功徳を強調する意味もいっそう明瞭になるだろう。「聞く」ことでもたらされる救済は、聴衆が居並ぶ仏事法会の場を想起させる。[33]ほかの章段との共通章句が多く、その個別性が見えにくいようにも思える「白山権現事」にも、このように当時の白山信仰のありさまが反映されているのであった。

おわりに

本章では、『神道集』巻六「白山権現事」の本地説にあらわれた白山信仰について、本文表現を踏まえて言及してきた。『神道集』の白山縁起は五人の御子神たちを主題とするが、それは禅定道をたどり、白山という霊地に登拝することを肝要とした、当時の白山信仰のあり方を投影したものだった。

また、本地仏の叙述に、儀礼文の常套句と考えられる文言が含まれていることも示唆的である。こうしたことから、「白山権現事」は『神道集』が包括する個々の神祇信仰と、仏事法会の場の言説としての必然性が融和した、具体的な一例だと位置づけることができるだろう。

『神道集』の縁起類からうかがえるのはあくまで信仰の一端であって、全体的・網羅的なものではない。諸信仰の断片を雑多な状態のまま取り込んでいる『神道集』には矛盾や齟齬も多い。しかし、それらはときに信仰の本質を覗かせるものであり、その背後には混沌としているからこそ創造性に富んだ中世の精神世界が広がっている。『神道集』には、さまざまな思想や解釈を受容して拡大する中世の思考のあり方を垣間見ることができるのである。

注

(1) 白山権現の鎮座には、元正天皇の霊亀二年(七一六)説と、光仁天皇の宝亀二年(七七一)に「大朝(泰澄)大師」によってあらわされたという「両説」があるとしている。

(2) 『神道大系 文学編一 神道集』一八五、一八六頁。『神道集』の引用は、『神道大系 文学編一 神道集』および『貴重古典籍叢刊 赤木文庫本 神道集』(角川書店、一九六八年)による。本文の欠落・誤記・訓点等は諸本によって補訂したところがあり、句読点を私に付して、通行の字体にあらためた。

(3) 正中二年(一三二五)の写本を最古本とする『泰澄和尚伝記』によれば、養老元年(七一七)に泰澄が白山へ登拝し、御前峰は伊弉冉尊である白山妙理大菩薩(十一面観音)、大汝峰は大己貴(阿弥陀如来)、別山は小白山別山大行事(聖観音)であることを明らかにしたという。

(4) 『神道大系 文学編一 神道集』一八六、一八七頁。

(5) 福田晃「神道縁起の表現」(『神話の中世』三弥井書店、一九九八年)、同「真名本曽我物語の唱導世界(上)」(『唱導文学研究』

第二集、三弥井書店、一九九九年）、同「真名本『曽我物語』の唱導世界（下）」（『唱導文学研究』第三集、三弥井書店、二〇〇一年）などにも『神道集』の表現について言及がある。

（6）法会の言説に関しては、阿部泰郎「唱導における説話――私案抄」（『説話と儀礼』説話・伝承学会、一九八六年）、渡辺秀夫「願文の世界」（『平安朝文学と漢文世界』勉誠社、一九九一年）、同「願文――平安朝の追善願文を中心に」（『仏教文学講座8 唱導の文学』勉誠社、一九九五年）、山田昭全「講式――その成立と展開」（『仏教文学講座8 唱導の文学』前掲書）、小峯和明『中世法会文芸論』（笠間書院、二〇〇九年）など参照。

（7）福田晃「真名本曽我物語の唱導世界（上）」（前掲注5）にも指摘がある。

（8）ただし、多少の異同もあり、必ずしも完全に一致しているわけではない。

（9）白山信仰に関しては、高瀬重雄編『山岳宗教史研究叢書10 白山・立山と北陸修験道』（名著出版、一九七七年）や、下出積與編『民衆宗教史叢書18 白山信仰』（雄山閣出版、一九八六年）所収の論考を参照。

（10）白山山頂での儀礼や行法の実践が考古学的に確認できるのは、九世紀後半頃からである。その頃に白山で修行したとされる僧は、『三代実録』に見える宗叡、『法華験記』の海蓮、『日本高僧伝要文抄』の賢一など、いずれも苦行僧だった。これらの記事が史実かどうかはともかく、少なくともこうした伝承があった平安時代初期から中期頃には、白山をめぐること自体に意味が見出されていたことがうかがえる。さらに一二世紀になると、頂上の祠には十一面観音の奉安が行われ、本地垂迹説に基づく教理が完成したという。『総合研究白山』（白山総合学術書編集委員会、一九九二年）、『白山――聖地へのまなざし』（石川県立歴史博物館、二〇〇七年）、長坂一郎「白山妙理権現の本地説成立と園城寺」（『古代文化』39・3、一九八七年三月）など参照。

（11）黒田俊雄「白山信仰――中世加賀馬場の構造」（『石川県尾口村史 第三巻・通史編』石川県石川郡尾口村役場、一九八一年）、下出積與「白山修験」（『講座神道 第二巻 神道の展開』桜楓社、一九九〇年）など参照。三馬場は、一二世紀半ばにいずれも延暦寺の末寺となり、信仰や教義、諸社の組織化に大きな影響を受けた。

（12）小林一蓁「白山縁起と泰澄伝」（『行動と文化』5、一九八四年六月）で、『神道集』「白山権現事」は、「加賀馬場側の唱導説話縁起」とされている。

（13）『白山之記』（『神道大系 神社編三三 若狭・越前・加賀・能登国』三四三頁）。

（14）白山の王子神に関する論考として、小林一蓁「白山縁起と泰澄伝」（前掲注12）、由谷裕哉「『白山記』と加賀白山中宮の修験」（『白山・石動修験の宗教民俗学的研究』岩田書院、一九九四年）、黒田晃弘「白山垂迹曼荼羅図の六所王子をめぐって」（安田喜憲編『山岳信仰と日本人』NTT出版、二〇〇六年）などがある。由谷氏によれば、王子神はとくに加賀側で成立したテキストにおいて記載される傾向にあるという。また黒田氏は、『神道集』の王子が「五所」であることについて、熊野の影響を指摘している。

（15）『神道集』のように「五人王子」としての名前はないが、『大永神書』には「白山六所王子」として、金剣宮（不動明王）・三宮（千手観音）・禅師宮（地蔵菩薩）・佐羅宮（不動明王）・若宮（釈迦如来）・加宝宮（本地の記載なし）が掲げられている。また、『白山権現講式』によれば、六所王子は佐羅王子（毘沙門天王）・三宮王子（如意輪観音）・加宝王子（虚空蔵菩薩）・禅師王子（地蔵菩薩）・金剣王子（不動明王）・児宮王子（釈迦如来）となっており、六所それぞれの名と本地があげられている。

（16）小林一蓁「白山縁起と泰澄伝」（前掲注12）、由谷裕哉「『白山記』と加賀白山中宮の修験」（前掲注14）。両氏は『神道集』「白山権現事」のなかに、白山権現が垂迹したという霊亀二年（七一六）からは「五百歳ニ余」るとの記述があるため、『神道集』の所伝を鎌倉前期のものとみなし、「五人王子」は当時隆盛していた中宮勢力下にある堂社と推定している。ただし、本稿で見たように、「五人王子」の本地説は『神道集』のほかの章段とも共通する文言で構成されており、白山にのみ使用されている詞章ではない点に注意が必要である。

（17）禅定道については一連の白山関連論考のほか、『歴史の道調査報告書5　信仰の道』（石川県教育委員会、一九九八年）を参照。なお、本章に掲載した地図は、『増訂図説白山信仰』（白山本宮神社史編纂委員会、二〇一〇年）をもとに作成した。

（18）『白山之記』（『神道大系　神社編三三　若狭・越前・加賀・能登国』三四四、三四五頁）。

（19）『白山之記』「白山七社本地垂迹事」。浅香年木「第三章　古代・中世」（『石川県尾口村史　第三巻・通史編』前掲注11）は、頂上付近にある剣ヶ峰が、加賀側からは御前峰の奥にある別山よりもよく見えることに注目している。鎌倉期に作成された白山比咩神社蔵の「白山三社神像」でも、金剣宮は白山比咩の右脇に従う男神として描かれている。

（20）『大永神書』や『白山権現講式』では、金剣宮の本地は「不動明王」である。なお、『神道集』の太郎については、佐羅宮とする見解もある。由谷裕哉「『白山記』と加賀白山中宮の修験」（前掲注14）。佐羅宮は、本地を金剣宮と同じくし、『白山之記』でも「垂迹如金剣宮」とされるため、両者が混同した可能性も考えられる。佐羅宮も、加賀禅定道に位置している。

(21) 小林一蓁「白山縁起と泰澄伝」（前掲注12）に、『大永神書』の「白山六所王子」も、金剣宮→三宮→禅師宮→佐羅宮→若宮→加宝宮と、加賀馬場から白山までの道筋順にあげられていることが指摘されている。小林氏も『神道集』の「五人王子」と禅定道との関係に着目し、次郎・三郎・四郎をそれぞれ、加宝社・檜新宮・藁履御峯の小社にあて、大野庄の「佐那武」に、「王子五所」（『白山之記』）として祀られていたと推測している。

(22) 毘沙門の本地を文殊菩薩とする根拠は未詳。だが、金沢文庫保管の称名寺聖教『乙足神供祭文』には、「本尊ハ（引用者注―吒枳尼天）文殊ノ垂迹ナリ。為ニ三利二益衆生一ヲ、或ハ現シテ二辰狐一ト人ニ与ヘ二愛敬一ヲ、或ハ示シテ二多門一ト人ニ授ク二福徳一ヲ」（企画展『陰陽道×密教』神奈川県立金沢文庫、二〇〇七年、五一頁）とあるなど、吒枳尼天関連資料において、福神としての毘沙門天は文殊菩薩の垂迹とされている。『神道集』は、中世の吒枳尼天信仰も取り込んでいることから、或いは何らかの影響があったか。本著・第Ⅱ部第一章参照。

(23) 『神道大系 文学編一 神道集』一八五頁。

(24) 『本朝続文粋』巻一一（『新訂増補 国史大系』二九巻下、一八八頁）。

(25) 下出積與「白山修験」（前掲注11）。

(26) 『本朝諸社記』（『真福寺善本叢刊 中世唱導資料集 二』臨川書店、二〇〇八年、二七七頁）。

(27) 『白山之記』も山中の様子を、「凡ッ山ノ為体、不能委記一。其峯挾《サシハサミ》雲漢、其谷近水際一。霊草異樹不似人間ノ草木一。寄巌恠石《キカムクワイセキ》誠為二神仙遊所一。奇玄奇特叵載尽一」（『神道大系 神社編三三 若狭・越前・加賀・能登国』三四四頁）と伝えている。

(28) 川口久雄「白山権現講式と白山曼陀羅」（『日本海域研究所報告』4、一九七二年三月）。

(29) 『白山之記』（『神道大系 神社編三三 若狭・越前・加賀・能登国』三四三頁）。

(30) 『梁塵秘抄』三四五番歌（『新編日本古典文学全集 神楽歌・催馬楽・梁塵秘抄・閑吟集』二七七頁）。

(31) このほかにも白山は、阿弥陀仏の極楽浄土や、観音菩薩の補陀落浄土とも結びつけられた。川口久雄「白山権現講式と白山曼陀羅」（前掲注28）参照。

(32) 『神道大系 文学編一 神道集』一八七頁。

(33) ほかにも『神道集』には、声に出される言葉を意識した表現がある。たとえば巻四「越中立山権現事」の本地説は、和讃を思わせる形式で語られている。立山権現の眷属である「十二所権現」を阿弥陀の十二光仏とし、十二所すべてが、「一社ハ、本地無量光仏是名也」という書き出しではじまり、「当レ知、此光明者、経ニハ念仏衆生摂取不捨ト云ヒ、釈ニハ唯覓念仏往生人ト云カ故ニ、無量光仏トハ云也」という文言で終わる。実際に用いる意図の有無は別として、冒頭と末尾を同じ詞章で統一して繰り返す様式は、そこに和讃のイメージがあった可能性をうかがわせる。

第六章　『神道集』の「鹿嶋縁起」と注釈

はじめに

本章では『神道集』の成立環境を明らかにするために、『神道集』の「鹿嶋縁起」を取り上げる。『神道集』で鹿嶋社に言及している章段は、巻三「鹿嶋大明神事」と、巻五「春日大明神」との二編があり、本稿ではこの二つの章段の鹿嶋関連記事を総称して「鹿嶋縁起」と呼ぶ。

鹿嶋縁起の特徴の一つに、注釈の言説を取り入れている点があげられる。院政期頃から盛んになった注釈活動は、日本書紀、古今和歌集、伊勢物語、聖徳太子伝、法華経など、多彩な分野で展開された。『神道集』にも日本紀注や古今注といった注釈の言説が散見されるが、鹿嶋縁起はその影響が顕著な記事の一つである。鹿嶋縁起に見える注釈の素性を検討することで、本書の性質や地域性がより明確になるだろう。それは『神道集』の文化圏を明かすとともに、『神道集』をはじめとする宗教文芸の知識の基層や、中世の神話的世界の広がりをも提示すると考えられる。

まずは鹿嶋縁起の内容と特色とを確認し、鹿嶋神をめぐる東国の伝承世界が『神道集』に与えた影響を指摘する。その上で、常陸国周辺で成立した注釈類を手がかりに、『神道集』が鹿嶋縁起を語るために受容した言説群について考察したい。

一　『神道集』の「鹿嶋縁起」

『神道集』各巻の内題下には、「安居院作」と記されている。しかし、この表記を根拠に、本書が澄憲や聖覚に連なる安居院流唱道者によって編纂されたものかどうかは、いまだに議論が分かれている。(1) それでも上野や信濃など東国の縁起や記事が多いことから、東国に通じた者が編纂に関与していると考えられてきた。(2) 鹿嶋縁起の内容もまた東国関連の叙述が多い。

前述のように『神道集』の鹿嶋縁起は、巻三「鹿嶋大明神事」と、巻五「春日大明神」という二つの章段の記事からなる。巻三「鹿嶋大明神事」は、標題どおり常陸国鹿嶋郡に鎮座する鹿嶋社の縁起である。一方、巻五「春日大明神」は、章段の前半で春日神の来歴と春日四所明神の本地を示し、後半では鹿嶋神と鹿嶋の地の摂末社に言及している。

ここで留意したいのが、巻五「春日大明神」は春日社の縁起でありながら、鹿嶋社について多く語っているという点である。「春日大明神」では、冒頭で以下のように述べている。

> 此御神ノ大社ハ、常陸国鎮守、鹿嶋大明神是。仏法守護、鎮護国家ノ為ニ、人王四十八代称徳天王ノ御宇、神護慶雲元年丁未年、三笠山ニ移、春日四所明神ト申。既ニ五百才余リ、南都ニ移玉ケル時、一丈許ノ白鹿ニテ、御友二人ナリ。其二人ノ御友者、時風・秀行是ナリ。(3)

本章段では、まず春日神が「常陸国鎮守鹿嶋大明神」と同体であることを明示している。一般的に春日四所明神は、一宮が鹿嶋神、二宮が香取神、三宮が枚岡神、四宮が姫神とされており、春日社における鹿嶋神は、第一殿の神という位置づけである。しかしながら『神道集』「春日大明神」では、鹿嶋神を「春日の第一殿の鹿嶋神」としてではなく、あくまで「鹿嶋にいる鹿嶋神」として語っている。さらにいえば、本章段は「春日大明神」という標題でありながら、春日社よりもむしろ鹿嶋社のことが詳細に書かれているのである。

『神道集』「春日大明神」では、後半部で鹿嶋の地の摂末社が列記されている。まずは鹿嶋社境内の記述からはじまり、次に沼尾、坂戸、息州、手午后、御足洗池、神宮寺といった鹿嶋社周辺の関係社寺へおよぶ。それは鹿嶋の神域内を俯瞰するようであり、鹿嶋神は「春日の第一殿の神」ではなく、「鹿嶋に坐す鹿嶋神」として意識されている。こうした『神道集』の姿勢には、鹿嶋神を重視する東国文化圏の視点が介在していると考えられる。

続いて、巻三「鹿嶋大明神事」の冒頭部分から、鹿嶋神の影向譚を取り上げる。

抑鹿嶋大明神ト者、天照太神第四ノ御子也。天津児屋根ノ尊、金鷲ニ駕シテ常陸国ヘ天マ下ツ、古内チ山ノ旧跡、鹿嶋ノ里ニ顕給。其間ハ幾千年ト云事ヲ知ラス。御本地ハ十一面観音也。采女所ノ忠為詩ニ云、神明国ヲ守ル時ハ、人種繁昌シ天下逬レリ。信心心ニ在ル時ハ、諸神ノ明言永代ニ弘レリ。此詩《シ》ノ中ノ神明国守ト者、今ノ鹿嶋ノ大明神ノ氏子ヲ堅ク守給事ヲ明□。[4]

ここでは鹿嶋神が天照太神第四の御子の「天津児屋根ノ尊」であり、「金鷲」に駕して常陸国へ顕現したと記されている。[5] 鹿嶋神は『古語拾遺』に「武甕槌神、是甕速日神之子。今常陸国鹿島神是也」とあるのをはじめとして、通常は記紀の国譲りで功績のあった武甕槌神とされており、「天津児屋根」とする所説は、管見の限り、ほかに見出せない特異なものである。[6] そしてその本地仏は、「十一面観音」だと明かされている。

さらに「采女所ノ忠為詩」を引用した上で、神明が国を守ることは、鹿嶋神が氏子の藤原氏を堅く守ることに明らかだという。ここで神々と日本との関係を鹿嶋神と藤原氏との関係に重ね合わせていることからもわかるように、『神道集』の鹿嶋神は藤原氏の氏神としての性質が濃厚である。続いて展開される記述からも、それは明白であろう。

今ハ昔、此御神氏人大仲臣ノ鎌足村子ト云シ人ハ、天津児屋根ノ尊、金鷲ニ乗テ天下リ給ケル時、銀鶴ニ乗テ御友ニ候ケル、其御末也。而レハ藤原氏ノ始メハ、神ノ代ノ始ヨリ廿一代トカヤ。（中略）此ノ時ニ藤氏ノ最初ハ、是鎌足内大臣也。今ハ多ノ帝ト后ト大臣公卿ハ、方々ノ藤氏末々ノ枝葉也。此等ハ皆以一州ニ迸レリ。此ハ則神明ノ御哀ミ深クシテ、神鎌ヲ賜ツ、、殊ニ奸臣靡ケ、依テ二内裏ノ勅ニ一朝敵ヲ誅スル也。故ニ此ノ鎌足ノ大臣ハ生ヲ叢祠ノ露ノ底ニ受テ、栄百城雲ノ上ニ得タリ。偏ヘニ大明神御利生、併権現和光ノ恵ミ也。[7]

『神道集』では、藤原氏の系譜を「大仲臣ノ鎌足村子」から語りはじめる。始祖の鎌足は、天津児屋根が「金鷲」に乗って天降った際に「銀鶴」に乗って随伴した者の子孫だという。今は帝・后・大臣・公卿といった国を統治する人々の多くが藤原氏の苗裔であり、その発端として、鎌足が鹿嶋神から「神鎌」を賜って朝敵（蘇我入鹿）を誅した逸話をあげている。ここでは鹿嶋神の鎮座伝承とともに、藤原氏の起源譚が展開されているのである。以降は、不比等・宇合・内麻呂・武智麻呂・房前と藤原氏の系譜が続き、鹿嶋神を勧請した春日社・大原社・吉田社に言及する。これらの一連の記事は、『大鏡』の叙述とも重なっている。[8] このように『神道集』の鹿嶋縁起では、藤原氏との結びつきが積極的に示され、藤原氏の氏神としての側面が強く意識されている。

以上の『神道集』鹿嶋関連記事の特徴をまとめると、春日社の縁起においても鹿嶋神に焦点をあてた叙述になっていること、鹿嶋神は金鷲に乗って飛来した天津児屋根とされていること、本地が十一面観音であること、そして藤原氏の氏神としての意識が強いことなどが指摘できる。これらの要素は、『神道集』の成立文化圏を考察するための手がかりとなり得る。以下、順次検討していきたい。

二　鹿嶋神と天津児屋根

まずは、『神道集』の独自記事である「鹿嶋神＝天津児屋根」説について考えたい。

本来、武甕槌である鹿嶋神を、『神道集』では天津児屋根としている。「鹿嶋大明神事」の当該本文は先に引いたとおりだが、「春日大明神」でも同じように鹿嶋神を天津児屋根だと言明し、金鷲に乗って「常陸国中郡古内山」へ降臨したと記している。

抑鹿嶋大明神者、常陸国垂迹故天神七代ヨリ国常立ノ尊、伊弉諾・伊弉冉尊御代終、地神五代鎮玉ヘツヽ、荒振神達、大小神祇在々定玉ヘキ。其時、天津児屋根尊、金鷲ニ乗テ、常陸国中郡古内山天マ下マス。其後国中廻、鹿嶋郡吉処、御在所定。(9)

天津児屋根尊は河内国枚岡社に鎮座し、春日社の第三殿に祀られる藤原氏の祖神である。この神は宮中祭祀を司っており、天照太神の岩戸籠りの際には、岩戸の前で祝詞を奏上した。天孫降臨にともなって瓊瓊杵尊に随行したが、『日本書紀』によれば、その時に太玉命とともに天照太神から「惟爾二神亦同侍ニ殿内一、善為ニ防護一」(10)という神勅を受けている。この神勅が、中世では天照太神と天津児屋根との間で交わされた約諾とされ、天皇家と藤原氏との密接な関係の根拠となった。『神道集』「春日大明神」の末尾にも、約諾を念頭においた「天照大神ノ御前、天津児屋根御末、天子政助」(11)という記述があり、本書もまた藤原氏をめぐる中世の神話を取り入れている。

この天津児屋根尊は、鹿嶋の地にも祀られていた。すでに『常陸国風土記』で鹿嶋三所の一所として名が見える「坂戸社」である。(12)鹿嶋三所は鹿嶋・沼尾・坂戸の三所で、祭神は鹿嶋社が武甕槌、沼尾社が経津主、坂戸社は天津児屋根とされた。

鹿嶋社の摂末社および神事等を記した鎌倉末期の『鹿島宮社例伝記』には、坂戸社について「本社ヨリ北五里ヲ去。天児屋根尊、是則河内国平岡之神也。日神天磐戸ニ籠賜時、此御神ノ謀ヲ以テ、磐戸ヲ開賜フ」(13)と、坂戸社が本社の北五里に鎮座すること、祭神が天津児屋根尊であること、知略によって天岩戸を開いたことなどが記されている。『神道集』「春日大明神」でも、沼尾、酒戸(坂戸)への言及があり、酒戸は「明神ノ御妹」で、本地は地蔵菩薩だと述べている。本来ならば酒戸の神であった天津児屋根が、武甕槌に代わって鹿嶋神となった要因の一つに、古くは春日社第一殿の武甕槌神を中心としていた春日信仰が、第三殿の天津児屋根を主体とするものへと変化したことが考えられる。

たとえば、『神道集』と同じく南北朝期成立の『神皇正統記』では、

春日神ハ、天児屋ノ神ヲ本トス。本社ハ河内ノ平岡ニマス。(中略)又春日第一ノ御殿、常陸鹿嶋神、第二ハ

下総ノ香取神、三ハ平岡、四ハ姫御神ト申。シカレハ、藤氏ノ氏神ハ三御殿ニマシマス[14]

と、春日神の「本」は第三殿に鎮座する「藤氏ノ氏神」、すなわち天津児屋根だとしている。『神道集』が鹿嶋神と藤原氏との関係を強調するのであれば、当時の春日信仰の中心であり、藤原氏の祖神である天津児屋根が鹿嶋神と結びついたのも理解できよう。

もう一点、『神道集』の鹿嶋祭神説の背景には、鎌足の出生を常陸国とする伝承世界が影響していると推察される。『藤氏家伝』において鎌足は大和国高市郡の人とされているが、鎌足を常陸国出身とする伝説は、[15]『大鏡』に「鎌足のおとど生まれたまへるは、常陸国なれば、かしこに鹿島といふ所に、氏の御神を住ましめたてまつりたまひて[16]」と見えるほか、『伊呂波字類抄』『簾中抄』などにも認められる。この出生伝説に、鹿嶋神の化身である狐から与えられた鎌で蘇我入鹿を討つというエピソードが加わり、中世にはいわゆる「摂籙縁起」と呼ばれる藤原氏の起源譚が形成された[17]。

たとえば、一五世紀成立以前とされる春日社記『春夜神記』「鎌足大臣因縁事」には、[18]白狐から藤巻の鎌を与えられた常陸国鹿嶋郡の土民の子が、長じて内裏に仕え、狐から与えられた鎌で入鹿を誅して藤原姓を賜り、常陸国を拝領した旨が記されている。鎌を与えた白狐は下野国松岡明神で、これは鹿嶋大明神と一体であり、さらに春日明神でもあるという。

先に見たように、『神道集』「鹿嶋大明神事」にも、「藤氏《ノ》最初《ハ》、是鎌足内大臣也。（中略）此《ハ》則神明《ノ》御哀《ミ》深《クシテ》、神鎌《ヲ》賜《ツ》、殊《ニ》奸臣靡《ケ》、依《テ》内裏《ノ》勅《ニ》朝敵《ヲ》誅《スル》也[19]」と、藤原氏繁栄の発端を、鎌足が鹿嶋神より賜った神鎌で奸臣を誅したことに求めている。『神道集』では続けて「偏《ヘニ》大明神御利生、併権現和光《ノ》恵《ミ》也」とあり、常陸国出身の鎌足が氏神の利生によって栄えたとして、鹿嶋神を讃歎している。

なお、『鹿島宮社例伝記』には、

又此辺鎌足之御出生有《リタル》小社《アリ》。則大職冠之宮《ト》云。天児屋根命二十一世祖神也。毎年霜月廿七日祭《レ》之。[20]

と見え、当時の鹿嶋に鎌足の出生地とされる「大職冠之宮」なる小社があったことが知られる。『鹿嶋神宮伝記』によれば、この社は本社の西に十丁ほどの場所にあったという[21]。

このように、鹿嶋神が天津児屋根となった背景には、鹿嶋の坂戸社に天津児屋根が祀られていたこと、当時の春日信仰の中心が天津児屋根であったこと、鹿嶋を舞台とする藤原氏の神話が形成されていたことなどが要因として考えられる。鹿嶋と藤原氏をめぐる諸伝承と、天津児屋根を中心とする春日信仰とが交錯した結果、『神道集』の独自説が生み出されたと推察されるのである。

三　神宮寺と十一面観音

次に、鹿嶋神の本地について取り上げたい。前述のように、『神道集』では鹿嶋神の本地を「十一面観音」としている。

抑鹿嶋大明神《ト》者、天照太神第四《ノ》御子也。天津児屋根《ノ》尊、金鷲《ニ》駕《シテ》常陸国へ天《マ》下《ツ》、古内《チ》山《ノ》旧跡、

鹿嶋ノ里ニ顕給。其間ハ幾千年ト云事ヲ知ラス。御本地ハ十一面観音也。(22)

鎌倉末期成立の『鹿島宮社例伝記』では、鹿嶋神宮寺の本尊について、以下のように記している。

和同元年戊申萬巻上人是建立、三十間之紺堂、以二鴛尾一葺ト云。本尊丈六之釈迦如来、脇立十一面観音自在菩薩有二弥勒菩薩一ニテ。（中略）後鳥羽院御宇建久二年辛亥二月、大風転倒時、彼宮殿吹開奉レ拝二内院一奉幣。外陣之中尊、地蔵菩薩、脇立不空羂索・十一面観音御座ケル。両度之建立、本仏ノ替賜事不審アラズヤ。此神宮寺、昔基跡改、今御手洗河辺移御座。十一面観音・薬師如来・地蔵菩薩・不動明王・毘沙門天皇（王）是也。仏前斗帳懸（戸）サレバ、アラハニ御座。今諸尊現量付、前両説相違不審ナルニヤ。(23)

ここで鹿嶋社の神宮寺は、和銅元年（七〇八）に萬巻上人によって建立されたと伝えられており(24)、その際の本尊は釈迦如来、脇立が十一面観音・弥勒菩薩であった。その後、嘉保元年（一〇九四）に火事で焼け、嘉承元年（一一〇六）に本尊と脇立を造立したが、建久二年（一一九一）に大風で転倒した際には、外陣の中尊が地蔵菩薩、脇立が不空羂索・十一面観音であった。これについて編者は、「本仏ノ替賜事不審アラズヤ」と述べている。そして御手洗河辺へ移動してからは、十一面観音・薬師如来・地蔵菩薩・不動明王・毘沙門天となっており、これには「前両説相違不審ナルニヤ」と疑念を呈している。『神道集』「春日大明神」では、「御足洗心塵濯ッ、神宮寺本地拝」とあり、御手洗池で身を浄めてから神宮寺で鹿嶋神の本地仏を拝すると見えるが、『社例伝記』の記述からは、時代によって本尊が変わっていたことがうかがえる。

中世における鹿嶋神の本地説は、不空羂索観音（春日社記類）、降三世明王（『神祇秘鈔』）等が確認できるが、『神道集』のように十一面観音としている所説は、元亨四年（一三二四）成立の『諸神本懐集』や、その底本と目される応永二〇年（一四一三）写『神本地之事』、永和三年（一三七七）に浄土宗鎮西流白旗派の了誉聖冏（一三四一～一四二〇）によって著された『鹿嶋問答（破邪顕正義）』など、東国に関係する浄土系典籍に認められる。このうち、『鹿嶋問答』には、次のように書かれている。

> 昔シ萬巻上人、当社（引用者注—鹿嶋社）ニ参籠アッテ本地ノ御事ヲ祈リ玉ヒシカハ明神ノ御夢想ニ曰、本地観世音、常在補陀落、為度衆生故、示現大明神。仍テ上人補陀落ニ渡リ玉ヒテ、椎《シイ》ノ木ヲ三箇伐テ海水ニ浮ヘ玉フ。其ノ木、此ノ浦ニ打チ寄セタリ。還リ玉ヒテ此ヲ取ッテ、三尊ノ観音ヲ造リ玉フ。其ノ内ノ一体ハ、今ノ神宮寺ノ本尊十一面是レ也。(25)

ここからは「今」、すなわち本書が成立した永和三年当時の神宮寺の本尊は「十一面」であったことが読み取れる。同様に、『諸神本懐集』でも「鹿嶋ノ大明神ハ、本地十一面観音ナリ」(26)と明言されているため、鎌倉末期から南北朝期の鹿嶋神宮寺の本尊（本地）は、十一面観音であったと考えられる。『神道集』本文には、浄土系の唱導文との同文が見られることが指摘されているが(27)、鹿嶋神の本地を記した『鹿嶋問答』や『諸神本懐集』もまた浄土系典籍である。

『鹿嶋問答』の聖冏は常陸国の学僧であり、序文によれば、本書は諸国兼学の旅から常陸国へ戻った際に著わしたものという。また『諸神本懐集』の底本ともいわれる『神本地之事』も、東国で成立したものと推測されている(28)。つまり、鎌倉末期から南北朝期にかけて、鹿嶋神の本地を十一面観音とする資料は東国由来のものと考えられ、『神道集』の鹿嶋縁起における祭神説と本地説には、東国の地域性が滲んでいるといえるのである。

四　金鷲・銀鷲と日本紀注

さて、ここで注目したいのが、鹿嶋神は金鷲に駕して常陸国へ天降り、大仲臣鎌子は銀鶴に駕してそれに従ったという「鹿嶋大明神事」の記述である。

> 抑鹿嶋大明神《ト》者、天照太神第四《ノ》御子也。天津児屋根《ノ》尊、金鷲《ニ》駕《シテ》常陸国へ天《マ》下《ツ》、、古内《チ》山《ノ》旧跡、鹿嶋《ノ》里《ニ》顕給。其間《ハ》幾千年《ト》云事《ヲ》知《ラス》。（中略）今《ハ》昔、此御神氏人大仲臣《ノ》鎌足村子《ト》云《シ》人《ハ》、天津児屋根《ノ》尊、金鷲《ニ》乗《テ》天下《リ》給《ケル》時、銀鶴《ニ》乗《テ》御友《ニ》候《ケル》、其御末也。[29]

鹿嶋神が鷲に乗って飛来するイメージは、和歌のなかに見出せる。一四世紀初頭の『夫木和歌抄』には「鹿嶋社」の題で、以下のような九条良経（一一六九～一二〇六）の詠が載る。

> かしまのやわしの羽かひにのりてこし昔の跡は絶せさりけり[30]

摂関家出身の良経が、氏神の鹿嶋神を詠んだ歌である。鹿嶋神が鷲の羽交いに乗ってあらわれたという発想は、『古事記』の建御雷（武甕槌）神が天降る折に、天鳥船神を副えて遣わしたという伝承に求められると指摘されて

いる。(31)

そして天津児屋根もまた、鷲のイメージをまとう神であった。『春夜神記』「神野大明神御事」には、次のようにある。

> 鹿嶋・香取・坂戸《サカト》ノ三人ノ御兄弟、各陸奥国塩鎔浦《ミチノクニシヲカマノ》ニハシメテ空降《アマクタリ》給ツヽ、唐冑甲《カラノヨロヒカフト》・弓箭・兵丈帯《ヲ》シテ、太郎一ノ御前者白鹿《シロキシヽ》ニタテマツリ、次郎二ノ御前者 翠《ミトリノ》 竹ノ葉《ハ》ニ乗《ノリ》、第三ノ坂戸ノ王子ハ鷲翅《ワシノツハサ》ニ乗ツヽ、各イクサ立給フ(32)

『春夜神記』では鹿嶋・香取・坂戸を「三人ノ御兄弟」とし、太郎は白鹿、次郎は翠の竹の葉、「第三ノ坂戸ノ王子」は「鷲翅」に乗って戦へ赴いたという。この「坂戸ノ王子」は女体であり、かつ天津児屋根だとされている。坂戸が女性であることは、『神道集』「春日大明神」において「明神ノ御妹」とあったこととも矛盾しない。(33)『春夜神記』の坂戸の王子は、鷲に乗り、甲冑を身に着けて、外敵との戦で先陣を切る勇猛な女神として描かれている。

また一方で、中臣氏が鶴に駕して飛来する伝承も存在した。『鹿島宮社例伝記』では、「鹿嶋立」の語源譚に続けて、以下のように記す。

> 奈良ノ京時、王城為二守護神一ト、称徳天皇御宇、神護景雲二年六月廿一日、白鹿乗榊枝鞭トシ、大和御笠山ニ入。故神主中臣大連時風・秀行二人供奉申ケリ。神主鶴乗供行云(34)。

鹿嶋神が大和三笠山へ影向した際、鹿嶋神は白鹿に、供奉の神主である中臣時風・秀行は鶴に乗っていたという。鹿嶋神の三笠山影向の姿は、「鹿嶋立神影図」などで白い神鹿に跨る鹿嶋神と、徒歩で随行する中臣時風・秀行の図が知られているが、文暦元年（一二三四）以後まもなく制作されたという春日社の「古社記」や『春夜神記』にも、武甕槌神、経津主神、天児屋根尊が荒ぶる神々を平定して地上へ降臨した際に、「中臣連等《ナカトミノムラジ》ハ鶴《ツル》ノ羽《ハネ》ニ乗テ下」ったと書かれている(35)。

このように、鷲と鶴のモチーフは、春日社や鹿嶋社の社記類に認められる。しかしながら、『神道集』のように金鷲・銀鶴とするものはなく、鷲と鶴がそろって登場することもない。それゆえに『神道集』の記述は、鹿嶋神や藤原氏を取り巻く鷲と鶴のイメージを取り入れながら、さらに段階を経てあらわれたものだと考えられる。興味深いのは『神道集』と同様のモチーフが、東国で成立した日本紀注に見出せることである。

先に掲げた『鹿嶋問答』の著者、了誉聖冏は、神道関連典籍や古今集序注などの注釈類を著した常陸国出身の学僧である。聖冏によって応永五年（一三九八）に常陸国で編まれた『日本書紀私鈔』巻三には、次のような記述が見える。

彼ノ武甕槌ノ命ノ昔シ田中ノ降臨処ヲ立テ、防ニキ東夷一ヲ此国ヲ守ラントト思シケル故ニ、明神ハ金ノ鷲ニ乗給ヒ、大中臣《トミ》ノ神ハ銀ノ鶴ニ乗リテ飛ヒ上リ、指テレ東ヲ飛ヒ給ヒケルカ、大日本国ノ東際常州ヲカチノ地ニ宮居シ給フ。山内《ヤマナイ》迫シトテ、又虚空ニ飛騰シテ中路ニ息《ヤス》ミ給ヒシ処ヲ、今ニ息《ヤス》塚ト云フ。今亦安塚□云ハ訛也。中群ト云所ニ居初《ソメ》給ヒシカハ、ソコヲ居初《ソメノ》宮ト名ク。今世ニハ訛テ云ニ磯辺一ト。其後、又虚空ヘ飛ヒ立テ、伏見地ニ宮居シ給フ。今ハ鹿島ト云是也(36)。

これは「カンナツキ」の語源となる武甕槌の降臨譚である。東夷を防いでこの国を守るために、武甕槌は「金ノ鷲」に、大中臣神は「銀ノ鶴」に乗って東を目指し、日本国の東際である常州に降り立ったという。鹿嶋神は従来どおり武甕槌とされるものの、鹿嶋神が「金ノ鷲」、大中臣氏が「銀ノ鶴」に駕して鹿嶋の地に飛来した点は注目されよう。

先に引用した『神道集』巻五「春日大明神」では、金鷲に乗った鹿嶋神が国中をめぐった末に、鹿嶋郡に居を定めたとされている。(37)これも各地をめぐった鹿嶋神が中郡古内山に天降り、最終的に伏見の地に宮を構えたとする『私鈔』の説と共通している。

『神道集』の鹿嶋縁起に登場する金鷲と銀鶴は、『春夜神記』などの春日社記類や『鹿島宮社例伝記』のなかの鷲と鶴のモチーフに重なる。しかし、それが『神道集』と同じように金鷲・銀鶴と並ぶ形で天降りの際に見えるのは、常陸国で成立した『日本書紀私鈔』のみであった。このように『神道集』の鹿嶋縁起には、東国の注釈書と共通する言説が取り込まれているのである。(38)

五　『神道集』と東国の諸注釈

『日本書紀私鈔』のほかにも、『神道集』と同文関係が指摘される日本紀注として、応永年間に真言僧の春瑜によって書写された『日本書紀私見聞』がある。(39)これは『日本書紀』の注釈書であり、関東天台の祖ともいわれる尊海（一二五三〜一三三二）の『即位法門』の所説が多く取り入れられていることから、尊海の影響下にある談義所で形成・流布されたものかと推定されている。(40)

『神道集』と春瑜写『私見聞』との関わりで注目したいのが、『神道集』「鹿嶋大明神事」の前半部で展開される語源説である。

夫日本国ハ神国ナレハ、利生止事無ク御在ス。御神達幾ク柱ト云事ヲ知ラス。此中ニモ常陸国鹿嶋大明神ハ、殊ニ大勢力ニシテ賢ク御在ス。八万神達ノ千石破ト申スモ、此ノ御神ノ故也。天津児屋根ノ雨天ノ珈瑚山ノ榊ノ根ニシテ、昔ノ豊ノ明リノ面白リシ古ヘ、手力雄ノ神ヲ以、天照太神天ノ岩戸ヲ押開給シ神世ノ古御事ハ、世中人ハ皆知給ヘリ。事新ニ申ニ及ハス。(41)

先に見た冒頭の影向譚に続けて、『神道集』では「千石破」の語と天岩戸神話に言及している。鹿嶋神は日本国の神々のなかでも「大勢力ニシテ賢」い神であり、八百万の神々の枕詞である「千石破」は、この神に由来するという。そして、天照太神の籠もる天岩戸を、天津児屋根が手力雄に押し開かせた神代の出来事は世の人みなが知っているから、新たにいうにはおよばないと記している。中世の古今注でしばしば問題になるチハヤブルの語義が、ここにあらわれているのである。(42)

「千石破」の語義については、「春日大明神」に続く『神道集』巻五「御神楽事」で五つの説があげられている。(43)

(一) 茅葉屋経　天照太神を伊勢に祀って社を茅葉で葺き、その後年月を経たこと。
(二) 千石破　「岩破」と同一で、閉じて久しい天岩戸を押し破ること。
(三) 山破　手力雄神のこと。春日社の前の東向きの小社がこの神。

(四) 茅葉屋振　岩戸の前で神楽をした時、茅葉を手に持ち、鈴をそえて舞ったこと。
(五) 千鉾振　八百万神たちが、素戔嗚に千の鉾を立てて振ったこと。

ここにあげた五説は、春瑜写『私見聞』に同文を含んだ同内容のものが認められる。(44)「鹿嶋大明神事」では、鹿嶋神である天津児屋根にまつわるエピソードとして、天津児屋根に関係する(二)の説だけが掲示されている。鹿嶋神が武甕槌であれば挿入されなかった所伝が、鹿嶋神が天津児屋根となったことで登場したのである。これは『神道集』の独自記事が、古今注の言説を引き寄せた例だといえよう。

そして、先に取り上げた『日本書紀私鈔』編者である聖冏の『古今序註』(以下『了誉序註』)にも、「御神楽事」や『私見聞』に通じるチハヤブルの語源説が記載されている。『了誉序註』は、聖冏の最晩年に常陸国で書かれたとされる古今集仮名序の注釈書である。南北朝期に広く流布した顕昭の『古今集序註』を核に本文が構成されているが、(45)ことチハヤブルの語義に関する部分は顕昭註の本文とは重ならないため、この所説が顕昭註に依ったものではないことが知られる。

チハヤブルの語義について、『神道集』『私見聞』『了誉序註』の三者を比較すると、基本的には『神道集』と『私見聞』の間で共通項が多い。しかし、なかには崇神天皇の御代に諸国の神の社を茅で葺いたこと、巫女装束のことなど、『神道集』と『了誉序註』のみに認められる所説も含まれている。(46)三者は細部や記載順序が異なっており、直接的な典拠関係は想定できない。しかし、この共通所説は『神道集』が常陸国をめぐる注釈類と同じ文化圏の言説を有すること、そして『神道集』を形成する基層に注釈が介在していることを具体的に示している。

院政期頃より盛行した注釈活動は、自らの根源を希求する意識とも結びついて、おびただしい神話言説を創造した。南北朝期という動乱の時代に、神々の集として編まれた『神道集』も、この営みと軌を一にする。『神道集』「鹿嶋大明神事」の末尾では、

チハヤフル神ノチカイノナカリセハイカナルトコニ身ヲハヤトサン(47)

と、『古今和歌集』選者である紀友則に仮託された和歌を記している。この和歌は「鹿嶋大明神事」の前半にあった「千石破」の語源譚と呼応している。つまり「鹿嶋大明神事」では、章段の前半部と終わりでチハヤブルに言及しているのである。

この和歌の前には、「我滅度後、於末法中、現大明神、利益衆生」という『悲華経』とされる偈文、「得道来不動法性、自八正道垂於迹、皆得解脱（苦）衆生、故八幡大菩薩」という八幡神の偈文、「本体観世音、常在補陀洛、為度衆生故、示現大明神」という賀茂神が下したとされる偈文など、本地垂迹の例証として広く知られた偈文が並ぶ。その上で、友則詠とするチハヤブル神祇の歌を仏菩薩の利生を詠じたものとして掲げ、章段を締めくくっている。それゆえに衆生済度のために神明として顕現するという仏菩薩の「チカイ」をあかした偈文・要文は、末尾の和歌へと収斂される。前半部の語源説と末尾の和歌が呼応し、章段全体が「チハヤブル」の語に貫かれることで、「鹿嶋大明神事」という章段が、古今注・日本紀注の世界に根ざすものであることをより強く意識させる。

このように『神道集』は、『日本書紀私鈔』『日本書紀私見聞』『了誉序注』といった、常陸をめぐる注釈類と共通する言説を取り入れている。直接的な典拠関係は認められないが、この事実は『神道集』が東国の学問と宗教の文化圏に根ざすことを示すものである。また、「鹿嶋大明神事」では章段の最後に、古今集の編者に仮託さ

れた和歌を掲げている。この歌は前半部に見える「千石破」と響き合いながら、本章段が和歌注釈の世界に通じており、『神道集』が注釈の営みと近しい場所にあることを認識させるのである。

おわりに

本章では『神道集』の鹿嶋縁起を取り上げ、縁起の生成過程で依拠した言説の性質や、地域性を考察してきた。その結果、『神道集』の鹿嶋縁起が、藤原氏を取り巻く諸伝承や常陸国周辺の注釈類と深く関わることが明らかになった。

鹿嶋神を天津児屋根とする『神道集』の所説は、藤原氏の始祖である鎌足を常陸国出身とする伝承や、天津児屋根を中心とする中世の春日信仰、鹿嶋の坂戸社に祀られる天津児屋根尊などが重なり合って生まれたものと考えられる。鹿嶋神の本地を『神道集』同様に十一面観音とするのが『諸神本懐集』『神本地之事』『鹿嶋問答』など、東国にゆかりのある資料であることにも留意すべきであろう。

また、鹿嶋神と従者が金鷲・銀鶴に運ばれる降臨譚や、天津児屋根にまつわるチハヤブルの語義などから、『神道集』が了誉聖冏の『日本書紀私鈔』『了誉序註』や、春瑜写『日本書紀私見聞』といった常陸周辺に由来する日本紀注や古今注と共通する言説を収めていることを確認した。これらの事例は、『神道集』を形成する基層に注釈類と通底する言説群があることを示すとともに、言説の地域性を考えるにあたって重要な視座を与える。

中世の東国には数多くの学問寺院が存在し、宗派や流派を越えた交流があったことも明らかになっている。本章で触れた資料類もそうした寺院間の交流のなかで作成され、享受された可能性がある。『神道集』と注釈との関係を手がかりに、人や資料の移動を追うことで、『神道集』の成立事情や、本書が編まれた宗教文化圏の様相を探ることができると考えられるのである。

注

(1) たとえば小峯和明氏は、「『神道集』は法会唱導の権威たる安居院の名を騙ったものにすぎず、「安居院」の偽作や仮託、騙りとして『神道集』をみなおすべきではないか」と問題提起している。小峯和明「澄憲をめぐる」（『中世法会文芸論』笠間書院、二〇〇九年）。

(2) 『神道集』と東国については、近藤喜博「神道集について」（『神道集 東洋文庫本』角川書店、一九五九年）、福田晃「原神道集の成立」（『神道集説話の成立』三弥井書店、一九八四年）、同『安居院作『神道集』の成立』（三弥井書店、二〇一七年）、村上学「『神道集』の構成原理」（『伝承文学研究』四三、一九九四年一二月）、同「神道集」（『岩波講座 日本文学と仏教 第8巻 仏と神』岩波書店、一九九四年）参照。福田晃氏は『安居院作『神道集』の成立』において、『神道集』の編纂を世良田長楽寺の末寺である一宮光明院に求めている。

(3) 『神道大系 文学編一 神道集』一三一、一三二頁。『神道集』の引用は、『神道大系 文学編一 神道集』および『貴重古典籍叢刊 赤木文庫本 神道集』（角川書店、一九六八年）による。本文の欠落・誤記・訓点等は諸本によって補訂したところがあり、句読点を私に付して、通行の字体にあらためた。

(4) 『神道大系 文学編一 神道集』六〇、六一頁。

(5) 天津児屋根は、「天児屋根」「天児屋」とも記されるが、本稿では『神道集』の表記に従う。この神の出自は、『日本書紀』では興台産霊の子、『新撰姓氏録』では津速魂命の三世の孫とされており、『神道集』の天照太神第四の御子という説は典拠未詳である。なお、『鹿嶋問答』では「興居《コゴ》登魂《トムスヒ》神ノ第四ノ御子」（『浄土宗全書』一二、八一一頁）とされている。

(6) 近藤喜博氏はこれを「古伝といたく相違する」と評した上で、藤原氏との関係を強調するために、藤原氏の祖神の天津児屋根と結びつけたものとしている。そして『神道集』編者が依った記紀が異伝的なものであった可能性を示し、この「異伝」を真名本

『曽我物語』に連なる「東国の唱導」と判じている。近藤喜博「神道集について」（前掲注2）。
（7）『神道大系 文学編一 神道集』六一頁。
（8）『大鏡』（『新編日本古典文学全集 大鏡』三四一、三四二頁）。
（9）『神道大系 文学編一 神道集』一三四頁。
（10）『日本書紀』（『新編日本古典文学全集 日本書紀（1）』一三八頁）。
（11）『神道大系 文学編一 神道集』一三六頁。
（12）『常陸国風土記』（『新編日本古典文学全集 常陸国風土記』三八九頁）。
（13）『鹿島宮社例伝記』（『神道大系 神社編二二 香取・鹿嶋』二九一頁）。
（14）『神皇正統記』（『神道大系 論説編一九 北畠親房（下）』一〇三頁）。
（15）鹿嶋と藤原氏について、宮井義雄氏は中臣氏が常陸国に田荘と部曲を所有しており、鎌足のときにそれを封戸へと改めて関係を継続し、鹿嶋社は封戸の地の神として尊崇されて、藤原氏の氏神になったとする。宮井義雄「律令貴族藤原氏の信仰」（『歴史の中の鹿島と香取』春秋社、一九八九年）。朝廷による東国進出の拠点として鹿嶋社と朝廷とが結びつくなかで、鹿嶋社は中臣氏との関係により権威を強めたと考えられるという。
（16）『大鏡』（『新編日本古典文学全集 大鏡』三四一頁）。
（17）この物語は『天照太神口决』『志度寺縁起』『春夜神記』『旅宿問答』『法華神道秘決』のほか、幸若舞曲『入鹿』などでも知られている。阿部泰郎「『入鹿』の成立」（『芸能史研究』六九、一九八〇年四月）参照。
（18）阿部泰郎氏は、当該説話を記した「鎌足大臣因縁事」は『春夜神記』本来の部分であるかどうか不明としながらも、尊経閣本が書写された永享九年（一四三七）以前には成立していたとする。阿部泰郎「『入鹿』の成立」（前掲注17）。
（19）『神道大系 文学編一 神道集』六一頁。
（20）『鹿島宮社例伝記』（『神道大系 神社編二二 香取・鹿嶋』二九二頁）。
（21）『鹿嶋神宮伝記』（『神道大系 神社編二二 香取・鹿嶋』三〇三頁）。
（22）『神道大系 文学編一 神道集』六〇頁。

(23)『鹿島宮社例伝記』(『神道大系 神社編二二 香取・鹿嶋』二九一頁)。

(24)『類聚三代格』嘉承三年(八五〇)八月五日の太政官符と、天安三年(八五九)二月一六日の太政官符には、天平勝宝年中(七四九~七五七)に満願上人が、中臣鹿島連大宗、中臣千徳等と神宮寺を建立した旨が記されている。

(25)『鹿嶋問答(破邪顕正義)』(『浄土宗全書』一二、四頁)。

(26)『諸神本懐集』(『日本思想大系 中世神道論』一八五頁)。

(27)村上学「真字本管理者についての一臆測」(『曽我物語の基礎的研究』風間書房、一九八四年)。

(28)北西弘「諸神本懐集の成立」(『真宗史の研究』永田文昌堂、一九六六年)。

(29)『神道大系 文学編一 神道集』六〇、六一頁。

(30)『図書寮叢刊 夫木和歌抄』五(明治書院、一九八八年)。

(31)中川博夫「鹿島の宗教文化圏――和歌をめぐって」(『国文学 解釈と鑑賞』67・11、二〇〇二年一一月)。

(32)『春夜神記』(『神道大系 神社編一三 春日』一八八頁)。

(33)なお、春瑜本『日本書紀私見聞』にも、坂戸社を鹿嶋神の妹とする記述が認められる。

(34)『鹿島宮社例伝記』(『神道大系 神社編二二 香取・鹿嶋』二九五頁)。

(35)『春夜神記』(『神道大系 神社編一三 春日』一八一頁)。

(36)『日本書紀私鈔』(明治聖徳記念学会、一九二一年、七六、七七頁)。

(37)「天津児屋根尊、金鷲ニ乗テ、常陸国中郡古内山天マ下マス。其後国中廻、鹿嶋郡吉処、御在所定」。『神道大系 文学編一 神道集』一三四頁。

(38)このほかにも、「春日大明神」の末尾に「日本記曰」として、本来の日本紀とは大きく異なる、いわゆる中世日本紀の一つである大日の印文説話を展開するなど、「春日大明神」「鹿嶋大明神事」はともに注釈の影響を受けた章段であることが知られる。

(39)高橋伸幸「『神道集』本文の研究――『日本書紀私見聞』(春瑜本)との関係を廻って(上)」(『伝承文学研究』一五、一九七三年一二月)、同「神道集本文の研究――『日本書紀私見聞』との同文関係を廻って(下)」(『伝承文学研究』一八、一九七五年一一月)。

(40)阿部泰郎「良遍『日本書紀』注釈の様相――学問の言談から〝物語〟としての〈日本紀〉へ」(『国語と国文学』71・11、一九九四年一一月)。『日本書紀私見聞』には春瑜本のほかに、真言系記事を多く含む願教寺本などがあるが、願教寺本を紹介した落合博志氏によれば、願教寺本の祖本は常陸国で成立した蓋然性が高く、願教寺本との関係性を考慮すると、春瑜本も関東で成立したことは疑いがないという。そして同じく常陸国の聖冏『日本書紀私鈔』も、明確な引用の跡は認められないながらも、たとえば『私見聞』がひとつの刺激となって述作されたという可能性はありえるとしている。落合博志「願教寺蔵主要資料紹介・『日本紀私見聞』」(『調査研究報告』二一、二〇〇〇年九月)。

(41)『神道大系 文学編一 神道集』六一頁。

(42)伊藤聡「「ちはやぶる」をめぐって――歌語の神秘化」(『中世天照大神信仰の研究』法蔵館、二〇一一年)参照。

(43)『神道大系 文学編一 神道集』一三七~一四〇頁。この語源説は、『古今和歌集序聞書』『毘沙門堂本古今集注』などにも類似した所説が見られる。ただし、同文は含まない。

(44)高橋伸幸「『神道集』本文の研究――『日本書紀私見聞』(春瑜本)との関係を廻って(上)」(前掲注39)参照。

(45)鈴木英之「中世学僧と古今注――了誉聖冏『古今序注』について」(『中世文学と隣接諸学3 中世神話と神祇・神道世界』竹林舎、二〇一一年)、同「聖冏の神道論概観」(『中世学僧と神道』勉誠出版、二〇一二年)。

(46)このほかにも、『神道集』と『了誉序注』に同様の古歌をもつ赫屋姫伝説が確認できることや、『神道集』と成立圏が近い真名本『曽我物語』に『了誉序注』の独自記事である枝折山伝説が見えることなどが指摘されている。村上学「真字本管理者についての一臆測」(前掲注27)。

(47)『神道大系 文学編一 神道集』六三頁。

第Ⅱ部　真言宗寺院の文芸と儀礼

第一章　『神道集』の辰狐王菩薩曼荼羅

はじめに

神仏習合思想のもとに本地垂迹説が隆盛した中世は、神と仏が大きく変貌した時代でもあった。本地垂迹説は、仏菩薩（本地）が衆生を救済するために、権《かり》に神（垂迹）の姿となって顕現したとする論理である。これによって平安末期には諸社の神々に具体的な本地仏が定められるようになり、中世にはその理論化・体系化が進められた。こうした運動のなかで本地垂迹説を物語として語り、神々の本地を明かしたのが『神道集』である。『神道集』の詞章が唱導的性質を持つことは夙に指摘されており、[1]本著でも第Ⅰ部第二章において、『神道集』の本文が仏事法会で読み上げられる表白や願文などのテキストに類するものであることを考察した。[2]

本章で着目するのは、『神道集』巻二「稲荷大明神事」である。稲荷神は元来、農耕神であったが、平安時代に東寺の鎮守となって仏教の夜叉「吒枳尼天《ダキニ》」[3]と習合するなど、多様な変容を遂げた。『神道集』「稲荷大明神事」も神仏習合思想に彩られた稲荷信仰に立脚しており、吒枳尼天を本尊とする修法「吒枳尼法」の思想が取り込まれている。本章では『神道集』の稲荷信仰の様相を明確にした上で、その叙述方法を確認し、さまざまな位相の言説を含む宗教文芸としてのあり方を検討したい。

一　稲荷神の本地説

『神道集』巻三「稲荷大明神事」では、稲荷神の本地を次のように説いている。

抑稲荷ノ明神ト者、上ノ御前ハ千手、中ノ御前ハ地蔵、下ノ御前ハ如意輪観音也。或人ノ日記ニハ、下モノ御前ハ如意輪、中ノ御前ハ千手、上ノ御前ハ命婦ニシテ辰狐也。本地ハ文殊也。(4)

稲荷明神の上・中・下社の本地を、それぞれ「千手」「地蔵」「如意輪観音」と述べた後に、「或人ノ日記」に見える異説として、下御前は「如意輪」、中御前は「千手」、上御前は「命婦ニシテ辰狐」である「文殊」菩薩としている。

中世において稲荷神の本地として知られていたのが、観世音菩薩である。早い例では、大江匡房の『本朝神仙伝』に「稲荷社」での夢告として、「本体観世音、常在補陀洛、為度衆生故、示現大明神」と、その本体が観世音菩薩であることを示す偈が記されており、一一世紀にはすでに稲荷神の観音本地説が確認できる。(5)

時代が下ると、上・中・下社のそれぞれに該当する観世音菩薩がより詳しく説かれるようになった。たとえば、南北朝中期以前の成立とされる『稲荷大明神流記』には、上御前は十一面観音、中御前は千手観音、下御前は如意輪観音と見えている。これと同様の説が、『稲荷明神講式』『渓嵐拾葉集』『諸神本懐集』『類聚既験抄』『二十二社并本地』などの諸書に散見されることからも、一三、四世紀頃には、稲荷神の本地仏は観音菩薩であると広く考えられていたことがわかる。(6)

『神道集』でも稲荷大明神の本地として、千手観音、如意輪観音などが名を連ねている。しかし、ここで注目すべきは「或人ノ日記」に示された、上御前を「命婦ニシテ辰狐」(7)とし、その本地を「文殊菩薩」とする説である。(8)「辰狐」とは、稲荷信仰を介して狐霊と習合した仏教の夜叉、吒枳尼天のことである。吒枳尼天は胎蔵曼荼羅の最外院に位置づけられる夜叉で、『大日経疏』によれば六ヶ月前に人の死を予見し、その心臓を食すという。『神道集』では稲荷大明神の本地として、この「辰狐」と「文殊菩薩」を中心に取り上げていくのである。

平安末期以降、稲荷神は吒枳尼天との習合によって新たな神格を獲得し、陰陽道や民間巫覡にまで広がる多彩な宗教世界を形成していった。(9)稲荷神と吒枳尼天が結合した神格は「辰狐王菩薩」と呼ばれ、本地仏は「文殊菩薩」とされた。この本迹関係を説いたのが、密教修法である吒枳尼法に関連する聖教類である。これら聖教類と対照し、『神道集』「稲荷大明神事」が吒枳尼法の秘説世界に連なることを確認するため、以下『神道集』本文に即して、その様相を具体的に見ていきたい。

二　辰狐王と文殊菩薩（一）外用の徳

まずは、『神道集』「稲荷大明神事」の内容を便宜的に分けておく。

①稲荷明神の本地説（上・中・下社）
②十九種の霊験
③辰狐王菩薩の形象と霊験

④四人王子（天女子・赤女子・黒女子・帝釈子）の形象と霊験
⑤八人童子の霊験
⑥式神（須臾馳走・頓遊行）の霊験
⑦後生守護の本地（文殊菩薩）

冒頭部は、先ほど取り上げた稲荷明神の本地説（①）である。続いて稲荷神の「外用の徳」として、現世利益的な十九種の霊験（②）が説かれる。それから「内証の功」として、辰狐王菩薩と眷属たちの形象や霊験（③〜⑥）が具陳される。そして最後に、後生守護の本地（⑦）として再び文殊菩薩の功徳が示される。

吒枳尼天の本地を文殊菩薩とする説は、たとえば『渓嵐拾葉集』巻三九「吒枳尼天秘決」に「大聖文殊ノ化現」と明記されるなどしばしば目にできるが、ここでは称名寺聖教に含まれる吒枳尼法に関する口伝書に着目したい。

吒枳尼法は、おもに現世の願いを成就する秘法とされ、天皇の即位灌頂をめぐる言説とも結びついた強力な修法である。しかし、「速疾効験アリ」と評される効果絶大な修法である反面、狐という畜類を垂迹の体とし、「愚痴ノ法」とも評される両義的なものであった[10]。称名寺には吒枳尼法に関する聖教類がまとまって残されており、櫛田良洪氏によって言及されて以来、たびたび取り上げられてきた[11]。近年、西岡芳文氏によって一堂に紹介されたが、その多くは陰陽道の式盤を取り入れた盤法に関わるものである[12]。

吒枳尼法は「最極秘密」[13]の秘法であり、称名寺の聖教は伝来を詳らかにしないが、それらは称名寺二世釼阿（一二六三〜一三三八）と称名寺僧秀範によって書写されたものが多い。本稿で引用する吒枳尼法の口伝書『頓成悉地法事付相承事』と『頓成悉地大事等』も、外題は釼阿、本文は秀範の手によっている。これらの聖教類を手がかりに、まずは「稲荷大明神事」の土壌となった吒枳尼天信仰の世界を明らかにしたい。『頓成悉地法事付相承事』の記事から、吒枳尼法の性質と文殊菩薩との関係について確認していく。

已上四ケノ法ハ、頓成ノ秘術也。其ノ中ニ頓カ中ノ頓ハ、是盤法ノ灌頂ナリ。（中略）五濁悪世ハ、衆生濁故ニ一切衆生ノ福分薄ク成ル。故ニ大日如来ノ等流法身ヲ現シ、文殊ノ智徳ヲ顕シテ、此ノ天尊ト化シタマヘルナリ。(14)

ここでは式盤を使用する吒枳尼法（＝盤法）が速やかに霊験を示す秘術であること、そして本尊の吒枳尼天は「福分」の薄い悪世の衆生を救うために、大日如来が「等流法身」を現じ、文殊菩薩の「智徳」をあらわして化現した姿であることが説かれている。(15)

吒枳尼天は、『渓嵐拾葉集』巻一〇五に、「〔梵字〕天ヲハ名二真陀摩尼珠一ト。欲界ノ衆生ハ貪欲強盛也。仍手ニ持二摩尼珠一ヲ、雨シテ二万宝ヲ一施二衆生一給也」(16)とあるように、手にした宝珠で衆生に「万宝」を施すとされていた。『頓成悉地大事等』では、この吒枳尼天の宝珠はとくに「官爵」「福録」「寿命」の「三事」を与えるという。(17)これらのことから、吒枳尼法が官位や富にまつわる願いに絶大な霊験を発揮すること、そしてそれは本地文殊の智徳の発露だとされていたことが理解できる。稲荷神も、平安期には男女和合の神として信仰されており、(18)中世における吒枳尼天＝稲荷神は、官位や富、愛法といった現世における願いを司っていたことが知られる。

こうした性質は、『神道集』「稲荷大明神事」にも色濃く反映されている。構成②「十九種の霊験」では、辰狐王菩薩が外にあらわす働きである「外用の徳」として、以下のような霊験が掲げられている。

先外用ノ徳者、一者諸病除キ、二者令得二福徳一ヲ、三者令得二愛敬一ヲ、四者主君令二重敬一、五者盛家ト成テ資財具足ス。六者五穀令二豊饒一ナラ、七者衣装豊ナラシム。八者牛馬六畜成就ス。九者所従眷属満足ス。十者端正ノ子ヲ生ミ、十一者衆人愛敬ノ子ヲ生ミ、十二者利根自在ノ子ヲ生、十三者持念ノ輩病ノ家ニ行向テ忽然トシテ病鬼退ケ出ス。十四者持念ノ輩位共難産ノ所ニ行向テ諸魔縁ヲ払テ安穏ニ令レ産マ、十五者盗賊之難ヲ除キ、十六者本姓ノ劣ナルヲ捨テ、高位ニ昇ル。十七者軍陣ノ所ニ至ルニ忽然トシテ怨軍逃去、十八者呪咀本人ニ返ル。十九者一切ノ霊験自在ナラン云々　此ノ如ノ十九種ノ一切ノ霊験、何レカ一切衆生ノ願ニ非ル。皆是我等カ依怙ハ、只是レ天等ノ利益也。(19)

諸々の病気を除く、福徳や愛敬を得る、主君から重用される、家が栄えて資財や衣服が豊かになる、美しい子供を産む、安産になる、盗難を除く、素性が劣っていても高位にのぼる、呪詛を返す等の霊験が、十九種類列挙されている。これらはまさに『頓成悉地大事等』と同じく、寿命、福禄、官位にまつわる願いであり、こうした願いを叶えるために衆生の頼むべきところ（「依怙」）は、みな辰狐王菩薩の利益なのだと説いている。このように、吒枳尼天信仰の大きな特徴である現世利益は、『神道集』でも重要な要素として取り上げられているのである。

三　辰狐王と文殊菩薩（二）内証の功

辰狐王菩薩の「外用の徳」に続いて、構成③「辰狐王菩薩の形象と霊験」では、内なる悟りの境地である「内証の功」をあらわすものとして、辰狐王菩薩の像容と功徳が語られる。

次内証ノ功ト者、彼所住衆生ノ心精ノ為ニ、是能住穢土ノ荒野タル。爰ニ種子ヲ云ヘハ、如々不可得ノ阿字、三形ヲ云ハ、三々随類ノ如意珠也。能乗ヲ云ヘハ、金色微妙ノ天女ノ形、所乗ヲ云ヘハ、白色殊勝ノ辰狐王。(20)

辰狐王菩薩は、「金色微妙ノ天女」が「白色殊勝ノ辰狐王」に騎乗した姿であるという。そしてこの表象は、次のように説明される。

能乗所乗、定恵一体ノ法也。性徳修徳、定恵不二ノ理也。故ニ法界ト衆生トハ因果ノ異名、凡夫ト賢聖トハ迷悟ノ差別也。只金剛実智ヲ顕スカ故ニ文殊也。胎蔵ノ真理ヲ示カ故ニ辰狐王菩薩也。白色実色ヲ現ルカ故ニ赤色也。此レ則赤白二諦ノ法門、福智円満ノ功徳、顕処ハ自性法身如来、悟所ハ真如実相ノ妙理也。(21)

「定恵」（禅定と智恵）が一体であるという教理を用いて、騎乗する天女（「能乗」）と、騎乗される辰狐（「所乗」）が一体であることを明らかにし、さらに辰狐王菩薩と文殊の本迹関係を、金剛界・胎蔵界の両部になぞらえているのである。この部分では、「能乗所乗」「性徳修徳」「定恵不二」「法界衆生」「凡夫賢聖」「赤白二諦」など対になる観念を配しながら吒枳尼天の世界を展開させている。

ここで見られる辰狐王菩薩の尊形と解釈は、称名寺の聖教類にも通じている。『頓成悉地大事等』では、辰狐王菩薩の姿を文殊菩薩の像容と重ね合わせ、「騎乗する天女＝文殊菩薩」「騎乗される辰狐＝文殊が乗る獅子」と見なし、辰狐の体の白さは、文殊の「大智」の徳をあらわすものだという。そして『神道集』同様に、辰狐王菩薩の表象を「定門」と「智徳」という、定恵の概念で解している。

辰狐王菩薩ハ文殊ノ所反ナリ。（中略）天女形ノ姿ハ定門ノ徳ヲ表ス。身色ノ白肉ハ可愛ノ智徳ナリ。其ノ所乗ノ白色ハ本地ノ智徳ヲ表ス。[22]

また、『頓成悉地大事等』では、『神道集』で本迹関係に用いられた胎金の教理を、吒枳尼法で使用する三重の式盤（天・地・人盤）に当てはめ、盤法自体を両界曼荼羅になぞらえている。ここでは「辰狐王菩薩（天盤）＝金剛界」「八大童子・四大王子（地盤・人盤）＝胎蔵界」としているため、『神道集』の「文殊菩薩＝金剛界」「辰狐王菩薩＝胎蔵界」という認識とは必ずしも一致しない。しかし、『頓成悉地大事等』における金剛界の「智拳印」の解釈のなかで、「金剛の智徳＝文殊菩薩」としていることに留意したい。

法界智ノ義門、中尊ノ功能ニ当レリ。法界体性智ハ、遮那普門ノ徳也。其ノ智ノ中ノ智徳ハ、大聖文殊也。彼大聖文殊ニ福智ノ二門有リ。其ノ応用ノ身ハ、即チ此天尊也。（中略）〈金界ノ智徳ノ応化ノ義門ナリ〉。[23]

『神道集』も『頓成悉地大事等』と同様に智慧の仏である文殊菩薩を「金剛実智」とし、胎蔵曼荼羅に属する吒枳尼天を「胎蔵ノ真理」と表現したと推察される。ここで『神道集』が本迹を胎金に配当したのは、「能乗・所乗」「性徳・修徳」「法界・衆生」「凡夫・賢聖」という相対する、しかし不二であるものを重ねるなかで、同じように本迹を対置させるためだったと考えられる。

このような対の発想は、仏教儀礼の場で読み上げられる表白や願文などにおける対句表現に繋がるものである。

『神道集』がそれらのテキストと同様の性質を有することは本著でも論じたが、[24] ここでも辰狐王菩薩の像容や功徳を、修辞的な表現を用いて叙述しているのである。

四　対句表現と儀礼テキスト

前節で『神道集』「稲荷大明神事」は諸概念を対置する意識が顕著であることを指摘したが、本文自体も対句表現を意識した叙述となっている。たとえば、辰狐王菩薩の功徳を語る⑦「後生守護の本地」の本文を抜粋して書き下すと、次のようになる。

此の法を知らざるが故に、六道に流転す。
彼の理を悟らざるが故に、四生に跉跰す。
恨めしきかな、夢の内に悪業を作りて、生死の旅宿に留る事を。
悲しきかな、幻の生に苦果を感じて、輪廻の不運に居する事を。
歎くべし、歎くべし、
悲しむべし、悲しむべし、
今度生死を厭はずんば、いずれの時か仏世と期すべき。[25]

また、これに続く本地の功徳も、上下を対比するような表現である。

下《しも》無間の底に臨みては、順路の正法を説き、
上《かみ》非想の頂に至りては、法界の利生を授け給ふ。（中略）
衆生の心精を奪ひては、究竟の最頂に送り、
阿鼻の深底に降りては、法界相生を授け給ふ。(26)

仏事法会の場の言説は、表白や願文のような詩的修辞を凝らした漢文体のテキストと、説教のような自由な語り口の言辞とがあることが知られている。前者は儀礼のなかで読誦されるものであり、後者は草案類をもとに当意即妙に口演されるものであった。『神道集』にはどちらの文体も認められるが、該当部分はこのうち対句の修辞を凝らした、表白や願文に類する叙述形式だと考えられる。(27)

『神道集』と成立圏が重なるとされる真名本『曽我物語』では、物語中に登場する願書や神明本地などの多くに、『神道集』との同文が認められる。(28)これは『神道集』で諸社の縁起や本地説を語る詞章が、真名本『曽我物語』では神仏へ奏上する祈念の言葉として用いられたことを意味する。こうしたことも、『神道集』の本文が表白や願文といった儀礼のテキストに連なることの論拠となるのである。

五　眷属たちと本尊図像

辰狐王菩薩に続いて取り上げられるのが、四人王子、八人童子、式神などの眷属たち（④〜⑥）である。(29)注目

したいのが『神道集』「稲荷大明神事」において、辰狐王菩薩と眷属たちは尊容を描写されながら、曼荼羅の諸仏を配置するように列記される点である。これは『神道集』本文が儀礼のテキストとしての性質を持つことと関わっている。まずは、本文に書かれている眷属の様子を確認したい。

最初に登場する眷属が、天女子・赤女子・黒女子・帝釈子の④「四人王子」である(30)。『神道集』や吒枳尼法の口伝書では、この四人王子がそれぞれ手にする持物を、辰狐王菩薩と同じく、定恵、胎金、理智に当てはめて解釈する。たとえば「天女子」の持物である「弓箭」は、次のとおりである。

左ノ手ニ弓ヲ取、右ノ手ニ矢ヲ取。此則定恵二界ノ弓箭也。(『神道集』(31))

左右ノ弓箭《定理》ハ仏部ノ徳ヲ表ス。定恵和合シテ化用ノ速ナルコトヲ顕ス也。(『頓成悉地大事等』(32))

ここでは『神道集』も『頓成悉地大事等』も、ともに左右の弓箭を定恵の象徴と理解している。

また「赤女子」について、『神道集』は左手に持つ「愛敬玉」を胎蔵の真理、右手に持つ「智鉾」を金剛の実智として、理智と胎金の概念で説明している。

左手ニ諸ノ愛敬ノ玉ヲ挙リ蔵治ス。右ノ手ニハ鉾ヲ抱テ不会厄難ヲ除却ス。所レ謂理ノ拳ニハ胎蔵ノ真理ヲ収テ敬愛ノ求願ヲ遂、智ノ鉾ニハ金剛ノ実智ヲ顕シテ福智ヲ成(33)。

「黒女子」については『頓成悉地大事等』が、「理ノ手ニ彼レヲ拳テ押ヘテ真理ニ帰サシメ、智ノ手ニ恵釼ヲ執テ割断ノ相ヲ表示ス[34]」と見なしており、こちらも理智に当てはめられている。このように『神道集』や吒枳尼法の口伝書において、四人王子も辰狐王菩薩と同様に、定恵や理智、胎金という対になる観念によって意味づけられている。

　続けて、ほかの眷属たちが次々と登場してくるのだが、本尊を取り囲むように展開される神々の配置は、儀礼の本尊図像を連想させる。[35] たとえば、南北朝期作とされる「伏見稲荷曼陀羅」[36]には稲荷山を背景に、白い狐に乗った女神とそれを囲繞する四人王子、八人童子、二人の式神が描かれている。実際に吒枳尼法の次第では、修法を行う者が本尊の道場をイメージする「道場観」で辰狐王菩薩たちの尊形が記されており[37]、かかる描写が修法に必要な図像（イメージ）を喚起する手だてとして機能することがうかがえる。『神道集』の本文も、儀礼の場で本尊図像を前に読誦されたならば、より効果的である。

　このように『神道集』「稲荷大明神事」は、吒枳尼法の聖教類と通底する思想を有し、それらを対句表現などの修辞を用いて叙述している。かかる表現方法や、図像的説明をともなう本尊と眷属の列挙は、儀礼の場のテキストとしての性質だと考えられるのである。

六　『神道集』の現世と後生

「稲荷大明神事」の特徴を、もう一点指摘したい。それは現世利益的側面の強い吒枳尼天信仰のなかにおいて、後生を強調している点である。『神道集』は、辰狐王菩薩と眷属について縷々述べた後に、⑦「後生守護の本地」について語りはじめる。一部、先に引用した文と重複するが、以下に掲げたい。

次又後生守護ノ本地ヲ尋レハ、今此ノ稲荷大明神本地ハ是大聖文殊師利菩薩、久成如来也。垂迹ヲ云ヘハ吒枳尼明王、等流ノ化身也。濁悪ノ教主也。（中略）夫辰狐王菩薩者、如意珠王菩薩是也。誠ニ是三如意珠財ヲ得テ、十界十如ノ相宛然タリ。四種三昧ヲ得ルハ、万徳円満相朗カ也。而レトモ此法ヲ知サルカ故ニ、六道ニ流転ス。彼ノ理ヲ悟ラサルカ故ニ、四生ニ跉坪《ヘイ》ス。恨キ哉、夢内ニ悪業ヲ作テ、生死ノ旅宿ニ留ル事ヲ。悲哉、幻シノ生ニ苦果ヲ感シテ、輪廻不運ニ居スル事。歎クヘシ歎クヘシ、悲ムヘシ悲ムヘシ、今度生死ヲ厭ハスンハ、何ノ時カ仏世ト期スヘキ。但シ誓願馮アリ、利益莫太也。（中略）加之、自性ヲ隠シテ生死ノ泥土ニ交《マ》リ、随類化現ヲ顕シテハ深《フカク》出ス理一ヲハ事、逆道ノ衆生ヲ利ンカ為ニ、下モ無間ノ底ニ臨テハ順路正法ヲ説キ、上ミ悲想ノ頂ニ至ハ法界ノ利生ヲ授給フ。其ノ故ヘ何レ者、等活地獄ノ体、煩悩断破ノ相也。衆生ノ心精ヲ奪テ究竟ノ最頂ニ送リ、阿鼻深底際（降）ニハ法界相生ヲ授給。（中略）惣シテ此明神ノ応用ハ無窮ニシテ、亦力用無量也ト云々[38]

「後生守護」という文脈において、あらためて稲荷大明神の本地が「大聖文殊師利菩薩」であることを確認し、その等流身として顕現した垂迹が「吒枳尼明王」であり、「辰狐王菩薩」であり、宝珠でもある「如意珠王菩薩」だと述べている。続いて、悟りに至る「法」や「理」があるにも関わらず、それを知らないせいで「六道ニ流転」する衆生の悲しみを説き、それを受けた点線部では、本地仏による済度が強調されている。「利益莫太」な誓願を立てた仏は、衆生救済のために自性を隠して生死の泥に交わり、自らの姿を相手に合わせてさまざまに変えながら、無間地獄の底から有頂天の高みにまで赴いて利益を授けるというのである。

すでに確認したように、吒枳尼天は現世利益的な願いを速やかに成就させる力を持つ存在である。『神道集』は、文和・延文年間（一三五二〜一三六一）に成立したと考えられているが、同時期の延文四年（一三五九）に、称名寺の経済的復興を祈って五世什尊が作成した吒枳尼天の願文[39]では、「一切道俗男女貴賤上下」の多様な願いが辰狐王菩薩に祈請されている。その内容は、病気、水火兵盗賊、呪詛や財産に関わる難を除くなど現世利益が主眼となっており、『神道集』と同時代の吒枳尼天の願文が、現世利益を主な目的として生成されていたことが確認できる。そうした吒枳尼天信仰のなかで、後生の救済を強調する姿勢は「稲荷大明神事」の特徴の一つといえよう。

「稲荷大明神事」のほかにも、『神道集』には本地仏の功徳を現世と後生で並記するものがある。たとえば、巻五「日光権現事」では、日光権現の本地を千手観音・阿弥陀如来とし、まず千手観音の現世利益的な功徳を「千手経」に基づいて述べた後に、阿弥陀仏の名号を唱えることによる済度が説かれる。

また、巻三「春日大明神事」は、一宮から四宮までの本地をそれぞれ不空羂索観音・薬師如来・十一面観音・地蔵菩薩の順で記すが、とくに二宮の薬師如来の誓願は家財や食料に関するもので、現世への志向が著しい。そして最後に、四宮の地蔵菩薩による地獄からの救済が述べられている。[40]

このように現世利益だけではなく、後生を語る意識が強い「稲荷大明神事」は、後生を願うべき仏事法会の場の要請に適う内容だと考えられるのである。

おわりに

ここまで確認してきたとおり、『神道集』「稲荷大明神事」は、いくつかの特徴を有している。

まず、吒枳尼法に関する聖教類と思想的な土壌を共有し、それを対句表現などの修辞を用いて構成していること。その際、中心の辰狐王菩薩と囲繞する眷属たちの尊容を列記し、本尊図像を連想させるような叙述になっていること。さらに、現世の利益とともに後生の救済を強調していることの三点である。修辞を施された詞章は表白や願文に通じ、辰狐王菩薩と眷属たちの描写は本尊図像を前に読み上げられると、より効果的に作用する。現世にとどまらない稲荷神＝吒枳尼天の功徳も、後世を祈る法会の場にふさわしい内容である。とくに本地仏がいかなる場所へも赴き、その姿を変えて衆生を救済するというくだりは、本地垂迹説に立脚した『神道集』の神仏のあり方が反映されている。

このように『神道集』「稲荷大明神事」は吒枳尼法の思想に立脚しながら、『神道集』の神仏観に符合する内容と、儀礼の言辞にふさわしい叙述形式によって構成されている。『神道集』のなかでも本地説のみが記述される章段は、やや文学研究の範疇から疎外されてきた感があるが、そこには中世の信仰世界が反映され、儀礼のテキストとしての要素も見出せる興味深いものである。『神道集』「稲荷大明神事」は、稲荷信仰の多彩さとともに、仏事法会における神祇信仰の享受のあり様も垣間見せる。中世における神仏習合思想の展開のなかで、『神道集』は多くの示唆を与えるのである。

注

（1）近藤喜博「神道集について」（『神道集 東洋文庫本』角川書店、一九五九年）、貴志正造『神道集』（東洋文庫、一九六七年）、福田晃「『神道集』とヨミの縁起唱導――神道集の可能性」（『唱導文学研究』第一集、三弥井書店、一九九六年）、同「神道縁起の表現」（『神話の中世』三弥井書店、一九九八年）など。

（2）『神道集』の詞章が表白や願文などに通じることは、福田晃「神道縁起の表現」（前掲注1）、同「真名本曽我物語の唱導的世界（上）」（『唱導文学研究』第二集、三弥井書店、一九九九年）でも言及されている。

（3）ダキニ天の表記は一定でないが、本稿では『神道集』の表記に従い「吒枳尼」を用いる。なお、引用文の漢字表記は各資料によった。

（4）『神道大系 文学編一 神道集』（神道大系編纂会、一九八八年）七二頁。『神道集』の引用は神道大系および『貴重古典籍叢刊 赤木文庫本神道集』（角川書店、一九六八年）による。本文の欠落・誤記・訓点等は諸本によって補訂したところがあり、句読点は私に付して、通行の字体にあらためた。

（5）吉原浩人「大江匡房と院政期の稲荷信仰（上）——伏見稲荷大社蔵『諸社効能』「稲荷」条の本地説をめぐって」（『朱』三七、一九九四年三月）参照。

（6）『朱』編集部「稲荷神社社殿の沿革の問題・その他」（『朱』三四別冊、一九九一年六月）の本地一覧参照。ただし、『神道集』の本地説は「如意輪・地蔵・千手」のみが掲載されている。

（7）「命婦」は、稲荷神の眷属である雌狐の名前。「命婦」については、近藤喜博「眷属とコメ」（『稲荷信仰』塙書房、一九七八年）、大和岩雄「阿小町・小野小町とダキニ——稲荷信仰の一側面」（『朱』三六、一九九三年二月）、田中貴子「人はみな、稲荷へ向かう」（『解釈と鑑賞』五八・三、一九九三年三月）、阿部泰郎「道祖神と愛法神——敬愛の神々とその物語をめぐりて」（『湯屋の皇后』名古屋大学出版、一九九八年）、大森惠子「愛法神・性愛神と稲荷信仰——特に、女狐と女性・神子を中心にして」（『山岳修験』二五、二〇〇〇年三月）など参照。『稲荷大明神流記』『二十二社并本地』『稲荷一流大事』『稲荷山参籠記』などでは「命婦」の本地が文殊菩薩とされ、一四、五世紀ごろには同説が流布していたことがうかがえる。

（8）『神道集』において、稲荷明神は大日如来・普賢菩薩・多聞天・如意輪観音・阿弥陀如来・不動明王とも結びつけられているが、中心となるのは文殊菩薩である。なお、下社の本地とされた「如意輪観音」もまた辰狐と同体視された。山本ひろ子「異類と双身——中世王権をめぐる性のメタファー」（『変成譜——中世神仏習合の世界』春秋社、一九九三年）参照。

（9）近藤喜博『稲荷信仰』（前掲注7）、五来重「稲荷信仰と仏教——荼吉尼天を中心として」（五来重編『稲荷信仰の研究』山陽新聞社、一九八五年）、高橋渉「稲荷と吒枳尼天」（『朱』三一、一九八七年六月）、松前健編『稲荷明神』（筑摩書房、一九八八年）ほか参照。

（10）吒枳尼法は、『渓嵐拾葉集』巻三八「多聞天秘決」に「吒天法者、急事出来時祈祷スレハ、速疾効験アリ。然而畜類ヲ垂迹ノ体トスルカ故、愚痴ノ法也」（『大正蔵』七六、六三〇頁b）と記されている。吒枳尼法については、阿部泰郎「宝珠と王権——中世王権と密教儀礼」（『岩波講座東洋思想第16日本思想2』岩波書店、一九八九年）、同「道祖神と愛法神」（前掲注7）、山本ひろ子「異類と双身」（前掲注8）、田中貴子「外法と愛法の中世」（『外法と愛法の中世』平凡社、二〇〇六年）、松本郁代『中世王権と即位灌頂』（森話社、二〇〇五年）、西岡芳文「ダキニ法の成立と展開」（『朱』五七、二〇一四年二月）などの論考がある。

(11) 櫛田良洪「神道灌頂の展開」(『真言密教成立過程の研究』山喜房仏書林、一九六四年)。

(12) 西岡芳文「式盤をまつる修法——聖天式法・頓成悉地法・ダキニ法」(『金沢文庫研究』三一八、二〇〇七年三月)、企画展『陰陽道×密教』(神奈川県立金沢文庫、二〇〇七年)、および西岡氏による「総説」参照。図録出版後に発見された資料については、西岡芳文「金沢称名寺における頓成悉地法——企画展「陰陽道×密教」補遺」(『金沢文庫研究』三二〇、二〇〇八年三月)に翻刻が掲載されている。なお、阿部泰郎「道祖神と愛法神」(前掲注7)、同「宝珠と王権」(前掲注10)によると、この盤法は、すでに保延五年(一一三九)写の仁和寺蔵『多聞吒枳尼経』に確認できるという。

(13) 『頓成悉地法事付相承事』(『陰陽道×密教』前掲注12、五三頁)。本書によれば、吒枳尼法は「最極秘密世習ヒ絶タル法」であり、必ず秘密裏に行い、たとえ妻子であっても知られてはいけないとされている。以下、称名寺聖教の吒枳尼天関連資料の引用は、金沢文庫の影印及び『陰陽道×密教』の翻刻による。句読点は私に付した。

(14) 『頓成悉地法事付相承事』(『陰陽道×密教』五四頁)。

(15) 注8でも触れたように、『神道集』でも吒枳尼天と大日如来は結びつけられている。また、阿部泰郎氏によれば『多聞吒枳尼経』において、仏の前生の師である狐は、本地身が大日、現度身が文殊とされているという。阿部泰郎「道祖神と愛法神」(前掲注7)。大日如来と吒枳尼天の関係については、本著の第Ⅱ部第二章、第三章を参照。

(16) 『渓嵐拾葉集』巻一〇五(『大正蔵』七六、八五三頁a)。

(17) 『頓成悉地大事等』(『陰陽道×密教』五五頁)。

(18) 近藤喜博「稲荷詣の女たち」(『稲荷信仰』前掲注7)、大和岩雄「阿小町・小野小町とダキニ」(前掲注7)、阿部泰郎「宝珠と王権」(前掲注10)、田中貴子「外法と愛法の中世」(『外法と愛法の中世』前掲注10)、服藤早苗「女と男の出会い」(『平安朝の女と男——貴族と庶民の性と愛』中央公論社、一九九五年)。

(19) 『神道大系 文学編一 神道集』七三頁。

(20) 『神道大系 文学編一 神道集』七三頁。

(21) 『神道大系 文学編一 神道集』七四頁。

(22) 『頓成悉地大事等』(『陰陽道×密教』五五頁)。

(23)『頓成悉地大事等』(『陰陽道×密教』五四頁)。
(24)第I部第二章参照。また、福田晃「神道縁起の表現」(前掲注1)、同「真名本曽我物語の唱導的世界(上)」(前掲注2)も参照。
(25)『神道集』赤木文庫本の原文では、「此法ヲ知サルカ故ニ、六道ニ流転ス。彼ノ理ヲ悟ラサルカ故ニ、四生ニ跉坪《ヘイ》ス。恨キ哉、夢内ニ悪業ヲ作テ、生死ノ旅宿ニ留ル事ヲ。悲哉、幻シノ生ニ苦果ヲ感シテ、輪廻不運ニ居スル事。歎クヘシ歎クヘシ、悲ムヘシ悲ムヘシ、今度生死ヲ厭ハスンハ、何ノ時カ仏世ト期スヘキ」(『神道大系 文学編一 神道集』七七頁)となっている。
(26)原文では、「下モ無間ノ底ニ臨テハ、順路正法ヲ説キ、上ミ悲想ノ頂ニ至ハ、法界ノ利生ヲ授給フ。(中略)衆生ノ心精ヲ奪テ、究竟ノ最頂ニ送リ、阿鼻深底際《(降)》ニハ、法界相生ヲ授給」(『神道大系 文学編一 神道集』七七頁)と見える。
(27)法会の言説については、永井義憲「法会と唱導」(五来重編『講座日本の民俗宗教7 民間宗教文芸』弘文堂、一九七九年)、阿部泰郎「唱導における説話――私案抄」(『説話と儀礼』説話・伝承学会、一九八六年)、渡辺秀夫「願文の世界」(『平安朝文学と漢文世界』勉誠社、一九九一年)、小峯和明『中世法会文芸論』(笠間書院、二〇〇九年)、『仏教文学講座第8 唱導の文学』(勉誠社、一九九五年)など参照。なお、『神道集』の物語縁起における叙述には、類句列挙や三国列記、容貌・孤愁・恩愛の比喩などの修辞文例が認められる。それらもまた法会の言説に用いられる表現方法である。福田晃「真名本『曽我物語』の唱導的世界(下)」(『唱導文学研究』第三集、三弥井書店、二〇〇一年)参照。
(28)村上学「真字本曽我物語・神道集同文一覧」(角川源義『妙本寺本曽我物語』角川書店、一九六九年)、同「真字本管理者についての一憶測」(『曽我物語の基礎的研究』風間書房、一九八四年)、黒田彰「神道集、真名本曽我と平家打聞」(『中世説話の文学史的環境〈正〉』和泉書院、一九八七年)、福田晃「真名本曽我物語・解説」(『真名本曽我物語』2、平凡社、一九八八年)、同「真名本曽我物語の唱導的世界(上)」(前掲注2)など。
(29)金沢文庫保管の称名寺聖教『乙足神供祭文』『頓成悉地盤法次第』では、修法の際に眷属たちが招請されたことが確認できる。また、『渓嵐拾葉集』巻八二「卍字秘決秘中極極」に四人王子(『大正蔵』七六、七七四頁a)、巻六八「除障事」に「八大童子」(『大正蔵』七六、七三二頁b)、巻八七「護法事」に二人の式神(『大正蔵』七六、七八三頁a)のことが記されている。
(30)「四人王子」は『神道集』だけに見える呼称で、吒枳尼法の聖教類では、天女子・赤女子・黒女子の「三女子」と「帝釈使者」とされている。『神道集』では、これを合わせて「四人王子」としている。

(31)『神道大系 文学編一 神道集』七四頁。
(32)『頓成悉地大事等』(『陰陽道×密教』五五頁)。
(33)『神道大系 文学編一 神道集』七四頁。
(34)『頓成悉地大事等』(『陰陽道×密教』五五頁)。
(35)山本ひろ子氏は、『神道集』を辰狐王曼荼羅という「イコン」に照応する本縁物語としている。山本ひろ子「異類と双身」(前掲注8)。称名寺聖教『別行儀軌』も吒枳尼天の曼荼羅を「曼荼羅法、吒枳尼像画造二一手半一、以三三女子帝尺一囲繞、以二八大童子一立二八方一」(『陰陽道×密教』六八頁。訓点引用者)と説明しており、『神道集』の記述を思わせる。なお、『神道集』の縁起類がもつ読誦性について、大島由紀夫「神道集の縁起叙述」(『中世文学と隣接諸学8 中世の寺社縁起と参詣』竹林舎、二〇一三年)で、巻二「熊野権現事」と熊野本地仏曼荼羅を例に指摘されている。
(36)林温「吒枳尼天曼荼羅について」(『仏教藝術』一七、一九九四年一一月)、白原由起子「「伏見稲荷曼陀羅」考――個人本「吒枳尼天曼荼羅」に対する異見」(『MUSEUM』六〇、一九九九年六月)。
(37)称名寺聖教『吒枳尼法〈秘〉』『頓成悉地法』『頓成悉地盤法次第』など。
(38)『神道大系 文学編一 神道集』七六、七七頁。
(39)「什尊願文」(『陰陽道×密教』六八頁)。
(40)春日明神の一宮から四宮までの本地は、一般に「不空羂索(あるいは釈迦)・薬師・地蔵・観音」の順であり、『神道集』の本地説は異質。

第二章　『辰菩薩口伝』と中世仮託文献

はじめに

日本中世における稲荷神は、仏教の夜叉である吒枳尼天《ダキニ》（荼吉尼天）と習合し、神祇信仰はもとより密教、陰陽道、修験道、民間信仰にまで広がる多彩な信仰世界を展開していた。吒枳尼天は、『大日経疏』に見える大黒天の眷属の夜叉で、元は生きた人間を食していたが、大日如来が化現した大黒天に呵責されて以来、死者の心臓だけを食べるようになったという。胎蔵曼荼羅では、外金剛院に人の腕や脚を手にした姿で描かれている。この夜叉が日本では狐霊や如意宝珠を媒介にして稲荷神と習合し、多くの説話や伝承を生み出した[(1)]。

第Ⅱ部第一章では、『神道集』巻三「稲荷大明神事」の本文が、仏教儀礼の場で読誦される文章としての性質を持つことを考察した。その過程で触れたのが、神奈川県立金沢文庫保管「称名寺聖教[(2)]」に含まれる「頓成悉地法」という吒枳尼天を本尊とする行法の口伝書類である。

称名寺聖教の吒枳尼天関連資料群は、はやく櫛田良洪氏が言及し[(3)]、その後も諸氏によってたびたび触れられてきた。平成一九年には、金沢文庫企画展『陰陽道×密教』が開催され、約四〇点におよぶ資料が体系的に紹介・翻刻されている[(4)]。これらの資料は注目を集めたが、内容の読解は十分に進められていない。そこで本章では、称名寺聖教の吒枳尼天関連資料のうち、『辰菩薩口伝』を読み解きながら、中世における吒枳尼天信仰の一側面を明かしたい。

一　「安然口決」と円密一致の曼荼羅

称名寺の吒枳尼天資料には、外題を称名寺二世の釼阿（一二六一～一三三八）が記し、本文を称名寺僧秀範が書写した一群の資料類がある。秀範は大和室生寺や東山白毫寺での活動も見られる学僧で、釼阿に頓成悉地法や神祇灌頂を伝授した人物とされる(5)。これらの頓成悉地法関連資料の一部は、釼阿が元亨二年（一三二二）に、称名寺三世の湛睿へ東密西院流の「別相伝」として授けた記録が残されており、吒枳尼法が体系的に伝授されていた様相がうかがえる(6)。

本章で取り上げる『辰菩薩口伝』は、吒枳尼天にまつわる口決を集めたものであり、『辰菩薩口伝上口決』という聖教と一結になっている。いずれも本文が秀範、外題が釼阿の筆である。『辰菩薩口伝上口決』の奥書には、正和三年（一三一四）二月に秀範が「厳師雑記」から書写した旨が記されており、伝来を明確に示さない吒枳尼天資料が多いなかで、具体的な年代を知ることができるものである。

『辰菩薩口伝』は、「安然口決」や「智証大師口決」のように天台の先徳に仮託して、吒枳尼天と眷属たちを教理的に意味づける点が特徴的である。『辰菩薩口伝』と『辰菩薩口伝上口決』は、いずれも『法華経』に関わる内容であり、中世日本天台における天台法華円教と密教との融合、「円密一致」の思想に従い、吒枳尼天を中心とした『法華経』と密教との合一化を志向している。

まずは、『辰菩薩口伝』の「安然口決」部分から確認したい。「安然」は平安前期の天台僧・五大院安然（八四一

～九一五頃）のことであり、顕密を究めた台密の大成者である。『辰菩薩口伝』では安然の口決として、『法華経』「方便品」冒頭の二句について、次のように述べる。(7)

方便品、諸仏智恵、甚深无量ト云二句八字ハ、宣无所不至印一ヲ。中台大日如来ナリ。三世十方ノ諸仏ノ智恵ノ性ナレハ、云諸仏智恵一ト。非七方便ノ人ノ所証ノ智恵一ニハ。円極究竟諸仏所証ノ智恵也。故云甚深一ト。是則、法界体性智也。分別スレハ是智一ヲ、有五智一。一ニハ法界体性智、二ニハ大円鏡智、三ニハ平等性智、四ニハ妙観察智、五ニハ成所作智也。又大日法界体性智、為自受法楽一ノ、示現□卅七尊三昧地智一ヲ。所謂ル五智四波羅蜜、十六大菩薩、八供養四摂等也。乃至、示現ス无量无辺ノ智一ヲ。是則、金剛界会ノ五部ノ如来、九会十八会諸尊ノ智也。(8)

『法華経』「方便品」の冒頭部分の「諸仏智恵、甚深无量」という二句八字には、「无所不至印」という印契を用いる。これは「中台大日如来」である。(9)すべての仏の智恵の本性なので、「諸仏智恵」という。悟りに至る前の七方便人の得た智恵ではなく、円極究竟の仏が得た智恵である。ゆえに「甚深」というのだ、と記している。ここでは『法華経』の本文を、「无所不至印」という大日の印契と「中台大日如来」という仏に配当することで、「法華経・印契・仏」の三者を対応させていることがわかる。この対応関係は、続けて以下のように展開される。

是円仏方便シテ、化作玉ヘリ藍婆羅刹女ノ身一ト。(10)

ここで「円仏（中台大日如来）」は方便して、『法華経』を守護する十羅刹女の一人、「藍婆羅刹女」へと変じるという。

これによって先の「法華経・印契・仏」という対応関係は、さらに「法華経・印契・仏・十羅刹女」へと拡大する。十羅刹女は『法華経』「陀羅尼品」で説かれる鬼女たちで、鬼子母神や眷属とともに『法華経』の受持者を擁護するとされる。以下、十羅刹女を交えた四者の対応関係は、胎蔵界の中央にある中台八葉院に坐す「八葉九尊」にそって開示されていく。

従リ其智恵門一ト云至于人記品ノ終一ニ、宣フ大威徳生印一ヲ。宝幢如来ナリ。信解品ニハ威徳特尊ト云、化城品ニハ威徳世尊ト等云、其証文也。是宝幢仏方便シテ、化作玉ヘリ毘藍婆羅刹女ノ身一ト也。従提婆品一至于涌出品四品ハ、宣フ文殊師利印一ヲ。是菩薩ノ方便シテ、示現ノ曲歯羅刹女身一ト也。宝塔品宣金剛不壊印一ヲ、花開如来ナリ。是仏方便シテ、示現花歯羅刹女ノ身一ト也。寿量品ニハ宣蓮花蔵印一ヲ、阿弥陀如来ナリ。是ノ仏方便シテ、示現多髪羅刹女ノ身一ト也。分別品乃至不軽品ニハ、宣弥勒迅疾持ノ印一ヲ也。是菩薩、化作无厭足羅刹女身一ト也。神力品乃至妙音四品ニハ、宣フ万徳荘厳ノ印一ヲ。天鼓音如来也。是仏、化作フ持瓔珞羅刹女ノ身一ト也。凡、自リ方便品一至于厳王品一ニ廿六品ハ正宗段也。是、宣大日八印一ヲ、大日内証ノ八印也。一切如来智印ナリ。乃至吒枳尼天ノ印等、三部三重ノ諸尊、外部ノ天等ノ大日外現ノ諸印也。[11]

先の「方便品」二句に続く経文から「人記品」に至るまでは「大威徳生印」と「宝幢如来」が配当され、この宝幢仏は方便して「毘藍婆羅刹女」へと化作する。また「提婆品」から「湧出品」に至る四品には「文殊師利印」と「文殊菩薩」が配当され、「曲歯羅刹女」へと示現するというように、胎蔵界の九尊はそれぞれ十羅刹女に姿を変えながら、『法華経』二十八品のうち、最初の「序品」と最後の「普賢菩薩勧発品」を除いた二十六品のいわゆる「正宗段」に結びつけられていく。
この対応関係をまとめれば、次のようになる。(12)

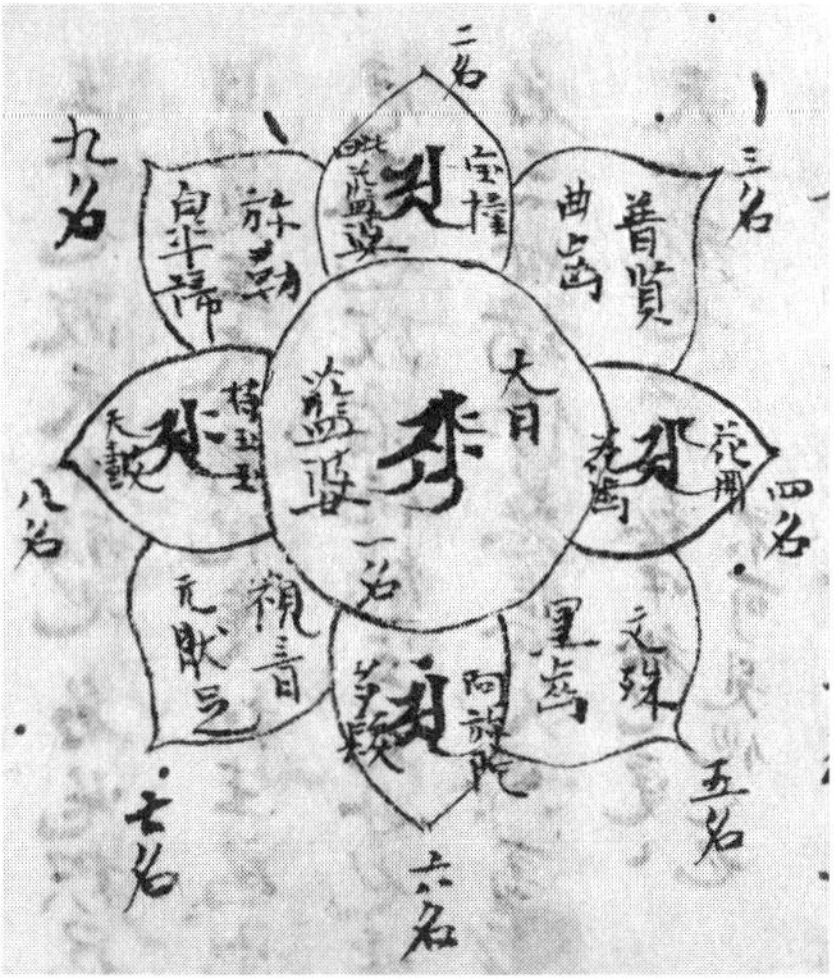

図1 『辰菩薩口伝』より

（仏菩薩）	（羅刹女）	（法華経）	（印契）
大日	藍婆	方便品二句	无所不至印
宝幢	毘藍婆	方便品～人記品	大威徳印
文殊	曲歯	提婆品～涌出品	文殊師利印（法住）
花開	花歯	宝塔品	金剛不壊印
阿弥陀	多髪	寿量品	蓮花蔵印
弥勒	无厭足	分別品～不軽品	迅速持印
天鼓音	持瓔珞	神力品～妙音品	万徳荘厳印

ここでは七尊しか語られていないが、この後に「私云」として示された異説では、右ではあげられていなかった普賢菩薩と観音菩薩が加えられ(13)、胎蔵界の九尊が揃う。なお、この本文横には中台八葉院の図が描かれており、それぞれの花弁に九尊と十羅刹女、および名数が記されている(14)（図1）。そして十番目の羅刹女として、「辰菩薩」と称される吒枳尼天が登場する。

其最後吒枳尼天方便シテ、示現奪一切衆生精気羅刹女ノ身一ト也。是十羅刹女八葉ノ九尊ハ、及吒枳尼尊、示現色

身也。是羅刹女ハ、擁護受持読誦解説書写妙法蓮華経ノ法師ヲ一也是安然和尚口決記也。(15)

諸尊の最後に吒枳尼天が方便して、「奪一切衆生精気羅刹女」へと化すという。注目したいのが、十羅刹女と八葉の九尊は吒枳尼天におよんで「色身」を示現するという、波線部の記述である。ここでいう色身とは、知覚できない真理そのものの仏のあり方（法身）に対して、具体的な形を具えた仏の姿のことを指す。「及吒枳尼尊、示現色身」という叙述からは、吒枳尼天に至って大日如来の化現である諸尊が顕在化することが読み取れる。これは後の本文に「一切衆生ノ身中ニ有大日八印一。諸尊ト顕ス事ハ吒枳尼王ノ所為也。是ヲ以テ吒枳尼王ハ三世ノ諸仏ノ母也(16)」と、衆生の身の内にある「大日八印」が諸尊としてあらわれるのは吒枳尼天の所為であり、そのため吒枳尼天を「三世ノ諸仏ノ母」と称すると記されていることとも呼応する。

そして、この後に見える付説では、吒枳尼天と諸尊の関係がより明確に言及される。

私云、此八葉九尊ハ即大日如来ノ化現也。最後ノ化身、吒枳尼天是也。此吒枳尼天之示現十名奪一切衆生精気羅刹女身也。(17)

八葉九尊は大日如来の化現であり、最後の化身が吒枳尼天である。この吒枳尼天が奪一切衆生精気羅刹女として示現するのだと、それぞれの相関性が端的に述べられている。

密教ではこの世のすべてが大日如来と同一であると考え、行者は自らを仏と一体化するために、手に印契を結んで（身密）、口に真言を誦し（口密）、心に本尊を観じる（意密）「三密行」を行う。『辰菩薩口伝』では、すべての諸尊は大日如来の化現であるという密教の基本的な考え方をもとに、「胎蔵界の九尊・法華経・十羅刹女・印契」という四者を対応させ、仏の悟りそのものである秘密の教え「密教」に対し、相手に合わせて顕わに説いた「顕教」である『法華経』を胎蔵曼荼羅と合一化し、解釈を加えている。こうした『法華経』と曼荼羅との和合の中核に吒枳尼天の存在を据えることで、吒枳尼天を『法華経』の守護者として位置づけているのである。

二 『法華経』と密教

『法華経』の密教化は中国まで遡るが、日本天台の大きな特色として、「天台教学」と「密教」との融合・一致を標榜する「円密一致」がある。最澄が唐から持ち帰った密教は、入唐僧の円仁・円珍によって充実が図られ、安然によって大成される。台密の学僧たちは、根本経典である『法華経』を含めた「密教」の理論を創出し、『法華経』の密教的解釈を行ったのである[18]。

こうした『法華経』と密教との融合を説くものに、智証大師円珍（八一四～八九一）の撰とされる『講演法華儀』および『法華曼荼羅諸品配釈』が存する。両書が円珍の真作か否かは議論が分かれるが、『講演法華儀』については少なくとも一二世紀半ばには成立していたとされている[19]。

たとえば、一四世紀に天台記家の光宗が著した『渓嵐拾葉集』巻二八では、真言による龍女成仏を説くなかで、「智証大師云講演法華義[20]」として『講演法華儀』を円珍の著作として掲げており、中世の天台僧は本書を円珍の手になるものと考えていたことが知られる[21]。

この『講演法華儀』には、次のように記されている。

今先分二三段一次分二八葉一。初分二三段一者、初序品為二序説分一。従二方便品一下至二妙荘厳品一。総二二十六品経為二正説分一。後普賢品為二流通分一。初序分有レ二。謂通序別序、云云。次分二於八葉一者、是即分二此経正説之文一。（中略）今分二此文一為レ二。一謂中胎二謂八葉。言二中胎一者、如二経諸仏智恵甚深無量一ト云カ。即是中胎仏智也。何故名曰二諸仏智恵一者、白浄月輪処二八葉中一、普為二一切諸仏智性一。故云二諸仏智恵一也。[22]

ここでは序品を序説分、普賢品を流通分として除き、方便品から妙荘厳品までの二十六品を正説分として中台八葉に配するという。そして中胎（中台）の大日如来を「諸仏智恵、甚深無量」の二句に配当し、一切諸仏の智性であるがゆえに「諸仏智恵」というと説いている。[23]かかる内容は、前出の『辰菩薩口伝』冒頭部分と大きく重なるのがわかる。

また『講演法華儀』では、二十六品を『辰菩薩口伝』と同じように八葉の九尊に対応させ、それぞれに数を付している。その配当は、「中胎・大日・方便品二句（一）」「東方・宝幢・方便品〜人記品（二）」「東南方・普賢・法師品（三）」「南方・華開敷・宝塔品（四）」「西南方・文殊・提婆〜湧出（五）」「西方・阿弥陀・寿量品（六）」「西北方・弥勒・分別功徳品等（七）」「北方・天鼓音・神力品等（八）」「東北方・観世音・普門品等（九）」となっており、こちらも『辰菩薩口伝』の本文や蓮華図とほぼ重なるのである。[24]

さらに天台座主・良助親王（一二六八〜一三一八）の撰と擬される『法華輝臨遊風談』巻七「十羅刹本地事」には、十羅刹女が曼荼羅に配当される事例が認められる。

法花秘法ノ之藍婆ハ妙法蓮花ノ八葉中台東葉ノ阿閦仏ナリ。毘藍婆ハ南葉ノ宝勝仏ナリ。曲歯ハ西葉ノ阿弥陀仏ナリ。花歯ハ北方ノ不空成就仏也。余ハ四隅ノ普賢文殊観音弥勒也。又中台ハ大日如来ナリ。第十奪一切衆生ハ荼枳尼ナリ。法花経ノ宇賀神也。已上。(25)

ここでは羅刹女たちが、それぞれ金剛界の五仏と胎蔵界の四菩薩を本地とする旨が述べられている。注目したいのが、傍線部の「第十奪一切衆生」が「荼枳尼」だと明言されている点である。ここでも『法華経』と曼荼羅、十羅刹女、そして吒枳尼天とが結びついているのである。(26)

安然は両界曼荼羅を用いて『法華経』を解説した『要記』の選者と伝えられるが、この『要記』も安然に仮託されたものだという。(27) これらの事実からは、一三、四世紀には『法華経』と曼荼羅の一致・融合をめぐる所説が、安然や円珍の口伝という形をとって流布していたことが知られる。そして一四世紀はじめに、秀範によって称名寺にもたらされた『辰菩薩口伝』もまた、このような仮託書を取り巻く思想的背景のなかで生まれたものだったと考えられるのである。

三　「智証大師口決」と八分肉団

『辰菩薩口伝』では「安然口決」に続き、「智証大師口決」として円珍に仮託された秘決が展開される。

夫一切衆生ノ身中、五蔵ノ中ノ羅符蔵、云フ八分肉団一ト。此肉団ヲ奪テ取テ食用スル羅刹女鬼、名奪一切精気一ト也。

衆生ノ精気ハ、有羅符蔵八分肉団ノ内一。其八分肉団、即自性清浄覚悟ノ蓮花也。(28)

一切衆生の身の内にある「羅符蔵」を「八分肉団」という。「八分肉団」は心臓のことであり、この肉団を奪って食べる羅刹女を「奪一切精気」と称す。先の「安然口決」において、この奪一切衆生精気羅刹女は吒枳尼天であった。さらに、ここで衆生の八分肉団を「自性清浄覚悟」の「蓮花」だと説いている。

密教では凡夫の肉団を閉じた蓮華になぞらえ、印契を結んで真言を誦し、本尊を観じて仏と一体化する境地に至れば、蓮華が開いて八葉の九尊をあらわすと考えられた。先の「安然口決」で詳述された胎蔵曼荼羅の中台八葉院が、ここに至って衆生の八分肉団（心臓）と同一化する。そして、この後に「十如是秘尺三井大師説」として、中台八葉のそれぞれの「葉」（花弁）の名称が列挙される。

其葉々ニ无量无辺ノ数アリ。根本ハ八葉也。東葉ヲハ名相葉一ト。南葉ヲハ名性葉一ト。西葉ヲハ名体葉一ト。北葉ヲハ名力葉一ト。東南葉ヲハ名作葉一ト。西南葉ヲハ名因葉一ト。西北葉ヲハ名縁葉一ト。東北葉ヲハ名果葉一ト。中台ヲハ名報台一ト。始ノ相葉ヲ為本一、後ノ報台ヲ為末一。九尊如来、化中道実相一ト也。故云究竟一ト也。周遍法界ノ妙理、无有コト高下一。故云等一ト也。四仏四菩薩ハ端座八葉ノ上ニ一、大日如来ハ結跏趺座中台ニ一給フ。其ノ无量无辺花葉ノ上ニ、仏菩薩、明王等端座給。(29)

胎蔵界の四仏四菩薩は「相・性・体・力・作・因・縁・果」と名づけられた八枚の花弁に端座し、中央の「報台」に大日如来が結跏趺坐しているという。そして最初の「相」と最後の「報」という本末が行き着くところは、結局、同じ「実相」にほかならないことを「究竟」と呼んでいる。これは『法華経』の方便品に説かれた十如是という、すべての存在（諸法）のありのままの姿（実相）には十種類あるとする教理に基づいたものである。『辰菩薩口伝』には、前出・図1の蓮華図に加え、中台八葉院に十如是と仏名を配した「法全闍梨図」と称する蓮華図も掲載されている。『法華経』と重ね合わされた曼荼羅図は、とくに中世日本天台の偽疑書に見られるものであった。[30]「法全闍梨図」については、第Ⅱ部第三章で取り上げたい。

また、先に掲げた『講演法華儀』と同じく円珍撰と伝えるものに、『法華経両界和合義』という典籍がある。本書も撰述の真偽には考証の余地があるが、[31]『法華経』二十八品を両界曼荼羅の諸尊に配釈し、『法華経』の本門を金剛界に、迹門を胎蔵界にあてて論じている。ここでも『辰菩薩口伝』と同様に、八葉にそれぞれ「相・性・体・力・作・因・縁・果」をあて、中台を「報」とし、それらを総称して「本末究竟」としている。

なお、『講演法華儀』にもこれと同じ説が見えており、十如是を中台八葉院に配当する所説が中世の仮託書において広く享受されていたことがうかがえる。『辰菩薩口伝』では、その八葉を「八分肉団」に結びつけ、胎蔵界の九尊をはじめとする数多の仏菩薩や明王が端座する曼荼羅とし、それが衆生の体内に蔵されているというのである。

こうした「八分肉団」観を明確に示した後に、『辰菩薩口伝』では再び「大師口決云」という書き出しで、あらためて八分肉団と吒枳尼天との関係について語る。

吒枳尼ノ印相ト云ル、右拳押腰一ヲ、仰ケテ左掌一ヲ、以舌一ヲ舐ル血一ヲ勢ニ作也。左ハ理也。[32]

ここで「吒枳尼ノ印相」が登場するが、それは右手を腰に押し当て、左の掌を仰いで、舌で血を舐めるような所作であるという。[33]この独特な印相は、『大日経』第一四に「荼吉尼印」として見えるものである。そこには「申三昧手（引用者注—左手）、以覆面門、爾賀囀触之」[34]とあって、左手で口を覆って舌で触るという所作だけが記されているのだが、これが安然の『胎蔵界大法対受記』では、次のように解釈されている。

第百九十四荼吉尼印
海大徳説、荼吉尼定掌（引用者注—左手）爾賀囀触レ之者、先申二定掌一横掩二面門一口也。出レ舌触二掌中一。如下食二人血一之勢上。慧拳（同注—右手）按レ腰。爾賀囀者舌也。玄大徳説同。権僧正大和上説。慧珍両和上説同但慧和上説。荼吉尼者又。津弥別記亦同但云。作二舐レ血之勢一。[35]

『大日経』では所作の記述だけであったものが、左手（定掌）で口を覆って舌で掌中に触れる所作を、人血を食す様子と表現しており、衆生の心臓を食べる吒枳尼天の性質を踏まえた意味づけがなされている。これは『辰菩薩口伝』の「以舌ヲ一舐ル血ヲ一勢ニ作也」という記述に通じ、「人の血を舐める」という吒枳尼天の性質は、『辰菩薩口伝』で以下のように理解される。

理者九法界ノ衆生ノ身具スル仏性也。其仏性者法身ノ妙理也。修徳ノ法身ハ白狐王ナリ。以テ智恵ノ舌一ヲ、舐无明ノ血一ヲ尽シテ、真如ノ理体、自性清浄覚悟ノ蓮花ト顕ス。其中台ノ八葉ニ端座給フ。大日八葉ノ印、九尊即チ是自性法身ト云也ト者ハ此義也。故ニ一切衆生ノ身中ニ、有大日八印一。諸尊ト顕ス事ハ吒枳尼王ノ所為也。是ヲ以テ、吒枳尼王ハ三世ノ諸仏ノ母也。所顕一大日八印諸尊ナリ。以テ方便ノ力一ヲ、能生ノ母ハ示同ス吒枳尼王ノ形一ニ。化作藍婆等ノ九人ノ羅刹女ノ身一ト給。故ニ云十羅刹女一ト也。[36]

ここでは胎蔵界の真理である「理」を、すべての衆生が身に具える「仏性」だという。大日如来が姿を変えた「白狐王（吒枳尼天）」が、智恵の舌を使って「无明ノ血（煩悩）」を舐め尽くすと、「自性清浄覚悟ノ蓮花」、本来の清らかな蓮花（悟り）があらわれるとしている。これは先に掲げた『辰菩薩口伝』の「智証大師口決」にも「其八分肉団、即自性清浄覚悟ノ蓮花也」とあったように、八葉蓮華と八分肉団（心臓）の同一視が前提となる言説である。六ヶ月前に人の死を知り、心臓を食べるという吒枳尼天の性質は、『辰菩薩口伝』において衆生に悟りを会得させるための行為として解釈されるのである。吒枳尼天の化現とされた羅刹女もまた、これと同様にとらえられた。

奪一切衆生精気ト者、奪取テ无明妄想精気一ヲ、食入スル如来蔵ノ腹中一ニ也。妙覚海也。胎蔵ヲ云花蔵海一ト、金剛ヲ云蜜厳海一ト也。吒枳尼王ノ腹中ニ湛タヽヘ満テ、字智水ヲ、令一切衆生ヲシテ即身成仏セ事、無レシトセル過ハ吒枳尼王一ニ。[38]

吒枳尼天が化現した十羅刹女の一人、「奪一切衆生精気」は、衆生の「无明妄想精気（煩悩にまみれた精気）」を食して自らの如来蔵の腹中へ入れる。これは妙覚（悟り）の海であり、胎蔵界の海を「花蔵海」、金剛界の海を「蜜厳海」という。そして吒枳尼王の腹中には、煩悩の垢を洗い流す「智水」が湛えられていて、腹中に取り込んだ衆生の「无明妄想精気」を濯いで「即身成仏」させるという。ここで人間の心臓や精気を食べるという行為は、衆生の心臓を八葉蓮華と見なす密教的身体観を介在させることで、いずれも衆生を成仏させるための方便だと説明されるのである。[39]

『辰菩薩口伝』では、この言説が再び『法華経』へと往還し、密教と『法華経』を融合させる円密一致の志向を見ることができる。本書においてその融合は吒枳尼天によって象徴され、成就されるものなのである。

四　「真言法華の肝心」としての吒枳尼天

八葉蓮華を中心に進められた『辰菩薩口伝』の言説は、再び釈迦仏が説いたとされる『法華経』へ収斂される。

尺迦如来於霊山二処三会一ニ、顕ニ説ク此事一ヲ。故ヘニ云妙法蓮花経一ト。大日如来於テ法界宮ノ中一ニ、秘殗《カクス》是事一ヲ。故云蓮花胎蔵一ト。尺迦所説妙法蓮花経ヲ擁護スル人ヲ、名奪一切衆生精気一ト。大日所説ノ三部ノ秘法ヲ守護スル人ヲ、名吒枳尼王等一。十二大威徳天、无数金剛天等、皆此尊ノ反作也(40)。

釈迦は二処三会で「顕ニ」この心蓮華にまつわる教理を説いた。それが『妙法蓮華経』である。対して大日如来はこの真理を秘匿したので「蓮花胎蔵」という。釈迦の『法華経』を擁護する者は「奪一切衆生精気」と名づけられ、大日如来の三部の秘法（『大日経』『金剛頂経』『蘇悉地経』）を守護する者は「吒枳尼王」と名づけられた。つまり、ここで奪一切衆生精気は顕教の守護者、吒枳尼天は密教の守護者とされているわけだが、本書で再三説かれてきたように両者が一体であることを考えれば、ここでは「顕」と「密」との一体を説いていることになる。大日如来の化現である吒枳尼天はまさに顕密を兼ね備えた尊格として、この『法華経』をめぐる曼荼羅世界を統合する存在と位置づけられるのである。

この後には、吒枳尼天の眷属である天女子・赤女子・黒女子を顕教と密教とに配釈し、同じく眷属の五大王子と八大王子を胎金に当てて解釈するなど、吒枳尼天と眷属によって顕密と胎金の不二があらわされていく。多くの眷属を従える吒枳尼天の様相は、諸尊の中央に結跏趺坐する大日如来を想起させるものであり、吒枳尼天がしばしば曼荼羅と関連して語られることと重なる[41]。

こうした「口決」の後に、『辰菩薩口伝』は最終段で次のように述べている。

本末究竟如是ハ九如是惣体、々々トイハ平等大会一乗ナリ。々々々々々々者、奪一切衆生精気女ナリ。々々々々々々々ト者吒天也。吒天ト者、如意◯（輪）ノ化現也リ。仍テ観音法花ハ眼目ノ異名ナリ。如意◯ヲハ名持宝一ト。当尊ヲハ号如意朱菩薩。本末雖殊ト一御名一也リ。[42]

傍線部で「吒天（吒枳尼天）」は「如意輪」の化現だといい、如意輪観音と『法華経』とは「眼目ノ異名」、つまり「眼」と「目」は呼び方こそ異なるものの本来は同じものであるように、如意輪観音と『法華経』も同一であると示されている。ここで新たに、吒枳尼天・如意輪観音・『法華経』の相関関係が説かれているわけである。

吒枳尼天と如意輪観音との同体説は、比叡山の学匠光宗（一二六二～一三五〇）編纂の『渓嵐拾葉集』にも見える。本書は顕密禅戒の口伝や秘事、作法、説話などを集積した大部の仏教資料集で、中世天台宗の知が集積された百科全書の様相を呈すものである。

相伝云、天照太神天下《アマ》リ給テ後、天ノ岩戸へ籠給フト云者、辰狐ノ形ニテ籠リ給也。諸畜獣ノ中ニ辰狐者自レ身放二光明一神故ニ其ノ形ヲ現シ給ヘル也ト云云。

尋云、何故ソ辰狐必ス放二光明一耶。答、辰狐ト者如意輪観音ノ化現也。以二如意宝珠一為二其体一ト。故名二ル辰陀摩尼王一ト也。[43]

天照太神が天岩戸へ籠もった時、その姿は「辰狐」（吒枳尼天と習合した狐霊）であったという。[44] 注目したいのが辰狐は如意輪観音の化身であり、如意宝珠がその本体だという傍線部の記述である。そのため如意輪観音は梵名を「辰陀摩尼」といい、これは如意宝珠のことだと明かされる。『辰菩薩口伝』の内題は、「如意宝珠菩薩口決」であり、そこには吒枳尼天を「如意輪観音（如意宝珠）」の化身とする所説が反映されている。[45]

この如意輪観音と『法華経』の一体説は、『渓嵐拾葉集』巻三一で次のように書かれている。

以二観音一法花教主ト習方如何。示云、凡普門品ノ始末ヲ見ルニ、観音称名徳ヲ挙テ法花ノ名言ヲ不レ置事ハ、是法花与二観音一一体ナル事ヲ為レ顕也。故釈云、法名二達摩駄都一、人名二観自在王一ト云。観音者、人法不二ノ体ナルカ故、以二観音一為二法花教主一也云云。（中略）尋云、以二観音一為二法花体一証拠如何。（中略）又云、品ノ題ニ以二三観一為二其体一。所謂観ト者空諦ナリ。世ト者仮諦ナリ。音ト者中道ナリ。法花ト者以二実相一為レ体。実相ハ即是三諦ノ異名ナリ也。釈可レ思レ之。[46]

観音を法華の教主とするのは何故かという問いに対し、『法華経』「普門品」の冒頭と文末では観音の称名の功徳をあげ、法華の名言には触れていない、これは法華と観音とが一体であることをあらわしているからだと答えている。そして「観音品（普門品）」の観音は、六観音のうち正観音、如意輪観音、千手観音のことだとしている。

また、「観世音」の三文字は空諦・仮諦・中道の三諦をあらわしており、『法華経』は実相を以て体とし、実相は三諦の異名であるとして、『法華経』と観音が一体であることを思うべきだと説いている。こうした『法華経』と観音の一体説を背景に、『辰菩薩口伝』では以下のように断じている。

深秘ハ還浅略一ヘ故ニ観音法花ノ深奥ハ以当尊一可入眼一者也。入ル当尊三摩地一ニ。即チ真言法花ノ肝心ナリ。(47)

観音・法華の「深奥」は、吒枳尼天を以て成就すべきものである。吒枳尼天が「三摩地」(心を専注して至る悟りの境地)に入ることが、すなわち真言(密教)と法華(天台法華教学)の「肝心」である。そう言明し、密教と天台法華教学との融合を実現する存在として、吒枳尼天を語るのである。吒枳尼天をめぐる『辰菩薩口伝』の位置が、明確かつ端的に示された一文であろう。

このように、『辰菩薩口伝』は『法華経』と密教の一致を企図した中世日本天台の教説のなかで、円珍や安然の撰述とされる仮託文献の世界に隣接しながら、大日如来の化現である吒枳尼天の秘説として形成された。それは、吒枳尼天信仰の変容と享受の具体相をあらわすとともに、多彩な要素を包括して拡大する中世の秘説生成の過程を示すものでもあった。

五　吒枳尼天をめぐる天台系所説

『辰菩薩口伝』では吒枳尼天を「真言法花ノ肝心」と讃えた後、巻末に以下のような一文を添える。

即位水丁（灌頂）、独リ在三井者即チ是等ノ大事也。可秘々々。(48)

吒枳尼天の印明と天皇の即位法との関連は先学によって指摘されているが(49)、ここでは即位灌頂が「独リ」「三井」にだけ伝わるという。「三井」とは円珍が中興した三井寺（園城寺）のことであり、かかる所説が寺門派に関わることをうかがわせる(50)。三井寺をめぐる吒枳尼天信仰は、『渓嵐拾葉集』巻三九「吒枳尼天秘決」に掲載された二つの記事が参考になる。

A　山門有二此天法一事　示云、古老伝云、此吒天法者、東寺ト三井派トニ委細ニ相伝シテ山門ニハ無レ之。其故ハ山家大師御相承有リケレトモ相輪樘ノ下ニ此法ト禅法トハ被レ埋了。仍テ天台流ニハ不二賞翫一申伝タリ。然而黒谷流ニ代代相伝来テ秘蔵スル事有テ、山家大師ト弘法大師ト蘖階念誦秘決トテ一巻秘書有レ之。(51)

B　三井流ニ有二此法一事　尋云、三井流有二此法一乎如何。示云、於二此天一者三井流殊ニ委細也。故智証大師、於二大唐一奉レ値二良諝和尚一相二伝之ヲ一給リ。所謂悉地成就決七帖是也。最極秘事也云云。又云、三井流ニハ金剛童子秘法有レ之。今吒天一体ト習也。甚深甚深。(52)

Aの記事では、古老の伝によれば「吒天法」は東寺と三井寺には委細に相伝したが、山門には伝わらなかった。それは最澄が一度はこの法を相伝しながらも、相輪樘の下に禅法とともに埋めてしまったからである。しかし、山門でも光宗の属する黒谷流にだけは代々相伝し、秘蔵されていたという。

Bの記事では、三井寺には吒枳尼天に関わる修法が殊に委細に伝わり、これは智証大師が大唐の「良諝和尚」（越州開元寺の良諝和尚か）から相伝したものだとする。いわゆる『悉地成就決』七帖がそれであり、このことは「最極秘事」であると述べている。(53) さらに金剛童子の秘法も、三井では吒枳尼天と一体として習うという。

こうして三井寺の「最極秘事」とされた吒枳尼天は、円珍請来と伝える三井寺の鎮守神・新羅明神や、新羅明神と同体視される尊星王とも一体化し、寺門をめぐる言説に取り込まれていく。その一例として、『渓嵐拾葉集』巻一〇五「仏像安置事」に見える記事を掲げたい。

一、三井新羅明神ヲ習二吒天一ト事　智証大師御相承義云、本地ヲハ名二尊星王一ト。垂迹ヲハ名二新羅明神一ト。即是吒天也。故新羅垂迹使者ニハ以二辰狐一為二使者一ト也云云。(54)

「尊星王」は神格化された北極星の本地であり、「妙見菩薩」「北辰菩薩」とも呼ばれる。災厄を除滅して国土を護り、人の寿福や生死を司る尊格で、尊星王を本尊とする「尊星王法」は三井寺の最大秘法とされた。尊星王法も、円珍請来と伝える修法であり、この尊星王が新羅明神と同体であって、新羅明神は吒枳尼天のことであると『渓嵐拾葉集』には記されている。(55)

これらの吒枳尼天をめぐる所説は、『辰菩薩口伝』編纂の周囲にも及んでいた。『辰菩薩口伝』と一結の聖教、『辰菩薩口伝上口決』を確認する。

辰王口決

口ニ云ク、当尊ハ是レ真言法花ノ惣体也リ。徳ヲ陰陽ニ分ケテ居ヲ卜二シム南北一。故ニ台ノ陰リ起レリ自リ二北天一、陽ノ金ハ出レタリ自二南天一。法花ノ現益又如レ然一ノ。北海ノ龍女トシテ南方ニ唱二覚ヲ一。是レ豈ニ自然ナラン乎。定テ有二深由一歟。只是レ辰狐北辰ノ深秘、万生根源ノ陰ト陽ト理ト智ト所レ令レ然也。北辰トシテハ分レテ二七星ト一衆生ニ施シ二命根ヲ一、辰狐トシテハ現シテ二南北《斗》ト一告玉フ世ノ吉凶ヲ一。仍テ寿福双ヘテ依二此尊ニ一持テリ。尤モ可レ奉二崇重一尊也ナリ。[56]

冒頭の傍線部では『辰菩薩口伝』で説かれたように、吒枳尼天が「真言法花ノ惣体」であることが示され、その徳を「陰陽」と「台《胎》金」に配当している。それから辰狐が北辰の深秘であって、万物根源の陰陽や理智（胎金）を司る存在であり、北辰（北極星）としては七星に分かれて衆生に命根を施し、辰狐としては「南北《斗》」にあらわれて世の吉凶を告げると述べている。これらの叙述は、吒枳尼天と北辰菩薩をめぐる三井寺の所伝を踏まえたものであろう。

なお、『辰菩薩口伝』という書名は吒枳尼天の異名「辰狐王菩薩」に由来するが、敢えて「辰菩薩」としているのは、尊星王の異名「北辰菩薩」とも繫がるものと推測される。

『辰菩薩口伝』を称名寺へ伝えた秀範は、大和室生寺や東山白毫寺での活動が確認される東密の学僧であるが、正和四年（一三一五）に天台記家の義源から『山家要略記』を受けた可能性も指摘されており、山王関係の秘事・口伝類と接していた確率も高いという。[57]

また嘉元二年（一三〇四）には、秀範より『辰菩薩口伝』の伝授を受けた称名寺の釼阿が、室生寺において園城寺系を中心に付法されていた智証大師感得の金色不動尊の印信血脈（『忍空授釼阿状』）を相伝するなど、[58]秀範や釼阿は台密を受容できる環境にあったものと推察される。正和三年（一三一四）頃に書写された『辰菩薩口伝』の所説も、そうした学問環境のなかで輯録されたものであったと考えられるのである。

おわりに

以上、称名寺に伝わる『辰菩薩口伝』を中心に読み解きながら、鎌倉末期から南北朝期にかけて展開した吒枳尼天信仰の一変相を確認してきた。『辰菩薩口伝』に見られる吒枳尼天と『法華経』、そして曼荼羅との融合は、天台法華教学と密教との一致を標榜した円密一致思想のなかで生成された所説だった。

多くの眷属を従える吒枳尼天の姿は、諸尊を配する曼荼羅を想起させるものであり、その姿は『法華経』密教化の過程において両界曼荼羅の大日如来と重ね合わされることとなった。人間の心臓を食すという行為も、即身に成仏することを目的とした密教的身体観と結びつき、大日如来の化現である吒枳尼天が衆生を菩提に至らしめる方便として解釈されたのである。

また、『辰菩薩口伝』が円珍や安然の口決を記すという体裁であること、円珍仮託と考えられる『講演法華儀』などの仮託文献と極めて近い内容を持つことも注意される。三井寺の即位灌頂への言及や、本書と一結の『辰菩薩口伝上口決』で吒枳尼天が北辰菩薩と一体とされることなども、今後検討を要しよう。なお、称名寺聖教の輪王灌頂資料をめぐる即位法との関係については、第Ⅱ部第三章で取り上げる。

称名寺に吒枳尼天関連資料をもたらした秀範は、室生寺や京洛寺院などを遊学し、天台記家の義源による伝授の可能性が指摘されるなど、台密の秘事口伝と接することができる環境にあった。『辰菩薩口伝』も、こうした諸宗兼学が遂行される中世の学問的状況のなかで生成されたと考えられる。本書は吒枳尼天をめぐる言説や儀礼と密接に交錯しながら、円密一致を掲げる日本天台教学の形成過程が創出した具体的な所産の一つであると同時に、吒枳尼天信仰の新たな側面をうかがい知ることができる資料なのである。

注

(1) 稲荷神と習合した吒枳尼天に関する論攷は多く、ここでは代表的なもののみを掲げる。近藤喜博『古代信仰研究』（角川書店、一九六三年）、同『稲荷信仰』（塙書房、一九七八年）、五来重「稲荷信仰と仏教」（『稲荷信仰の研究』山陽新聞社、一九八五年）、阿部泰郎「宝珠と王権——中世王権と密教儀礼」（『岩波講座東洋思想第16 日本思想2』岩波書店、一九八九年）、同「道祖神と愛法神——敬愛の神々とその物語をめぐりて」（『湯屋の皇后』名古屋大学出版会、一九九八年）、田中貴子『外法と愛法の中世』（平凡社ライブラリー、二〇〇六年）、山本ひろ子「辰狐のイコノグラフィー」（『変成譜——中世神仏習合の世界』春秋社、二〇〇〇年）、彌永信美「三面一体の神々——異形の福神たち」（『大黒天変相——仏教神話学I』法藏館、二〇〇二年）、松本郁代『中世王権と即位灌頂——聖教のなかの歴史叙述』（森話社、二〇〇五年）、林温「吒枳尼天曼荼羅について」（『仏教芸術』二一七、一九九四年一一月）、白原由起子「「伏見稲荷曼荼羅」考」（『MUSEUM』五六〇、一九九九年六月）など。また、西岡芳文「ダキニ法の成立と展開」（『朱』五七、二〇一四年二月）には、近年の称名寺聖教の発見を含む吒枳尼法関連の言説がまとめて紹介されている。

(2) 武蔵国六浦庄（現横浜市金沢区）の金沢称名寺は、鎌倉幕府の執権・金沢北条氏の菩提寺として創建された真言律宗寺院で、現在も一万三千点を超える中世の典籍や文書類が伝存し、それらは神奈川県立金沢文庫に保管されている。おもに鎌倉末期から南北朝期にかけて形成された「称名寺聖教」「金沢文庫文書」と呼ばれる資料群は、二〇一六年に一括して国宝に指定された。

(3) 櫛田良洪「神道思想の受容」（『真言密教成立過程の研究』山喜房仏書林、一九六四年）。

(4) 企画展『陰陽道×密教』（神奈川県立金沢文庫、二〇〇七年）。図録出版後に発見された資料については、西岡芳文「金沢称名寺における頓成悉地法——企画展「陰陽道×密教」補遺」（『金沢文庫研究』三二〇、二〇〇八年三月）に翻刻が掲載。また、阿部泰郎「灌頂儀礼と宗教テクスト——儀礼テクストとしての中世密教聖教」（『中世日本の宗教テクスト体系』名古屋大学出版会、二〇一三年）でも、これらの資料が分類・紹介されている。
（5）秀範をめぐっては、久保田収「両部神道の成立と発展」（『中世神道の研究』臨川書店、一九五九年）、櫛田良洪「神道思想の受容」「関東に於ける東密の展開」（『真言密教成立過程の研究』前掲注3）、納富常天「称名寺の基礎的研究」（『金沢文庫資料の研究』法蔵館、一九八二年）、牧野和夫「中世聖徳太子伝と説話」（『説話の講座3 説話の場』勉誠社、一九九三年）、同「太子伝と中世日本紀」（『解釈と鑑賞』64・3、一九九九年三月）、同「「本地物」の四周」（『仏教文学』二七、二〇〇三年三月）、同「談義所逓蔵聖教について」（『実践国文学』八三、二〇一三年三月）、伊藤聡「称名寺の中世神道聖教」（『中世天照大神信仰の研究』法蔵館、二〇一一年）など参照。
（6）西岡芳文「金沢称名寺における頓成悉地法」（前掲注4）。ただし、その伝授のなかに『辰菩薩口伝』は含まれていない。
（7）以下『辰菩薩口伝』の本文は金沢文庫の影印をもとに、『陰陽道×密教』（前掲注4）を適宜参照して作成している。本文の傍線、句読点、括弧等は私に付し、用字は原則、通行の字体に改めた。
（8）『辰菩薩口伝』（『陰陽道×密教』四九頁）。
（9）「中台大日如来」とは、胎蔵曼荼羅の中央に位置する中台八葉院の大日如来のことをいう。その次の「五智」の話題から「九会十八会」に至るまでの後半部分の記述は、金剛界の曼荼羅について述べたものであり、「中台大日如来」（胎蔵界）の記述と混在させることで、胎金不二（胎蔵界と金剛界は一体である）という密教の真理を表現したものと推察される。
（10）『辰菩薩口伝』（『陰陽道×密教』四九頁）。
（11）『辰菩薩口伝』（『陰陽道×密教』四九頁）。
（12）なお、永正九年（一五一二）の尊舜『法華経鷲林拾葉鈔』第二四には、全く異なる十羅刹女の本地が記されており、本地にも諸説あったことがうかがえる。①藍婆＝阿閦または文殊、②毘藍婆＝華開敷または薬王、③曲歯＝阿弥陀または薬上、④華歯＝不変成就仏、⑤黒歯＝大日如来または弥勒菩薩、⑥多髪＝普賢または地蔵、⑦無厭＝無能勝菩薩、⑧持瓔珞＝無尽意または観音、⑨皐諦＝文殊または普賢菩薩、⑩奪一切＝自在菩薩（『日本大蔵経』三〇、七〇七頁。名前の表記は原典に従った）。
（13）『辰菩薩口伝』には、「法師品、如来支分生印、是普賢菩薩也」「普門・陀羅尼・厳王品〻、観世音陀羅尼印明、観音也」（『陰陽道×密教』四九頁）と見える。
（14）『辰菩薩口伝』には、九尊と十羅刹女、名数が配釈された八葉蓮華の図（図1）が掲げられており、そこでの配当は、①大日・藍婆・

一名、②宝幢・毘藍婆・二名、③普賢・曲歯・三名、④花開・花歯・四名、⑤文殊・黒歯・五名、⑥阿弥陀・多髪・六名、⑦観音・无厭足・七名、⑧天鼓・持瓔珞・八名、⑨弥勒・皐諦・九名とされていて、本文とはやや異なる。なお、図1の図版は『陰陽道×密教』より転載。

(15)『辰菩薩口伝』(『陰陽道×密教』四九頁)。

(16)『辰菩薩口伝』(『陰陽道×密教』四九頁)。

(17)『辰菩薩口伝』(『陰陽道×密教』四九頁)。

(18) 大久保良峻「天台宗」「真言宗(密教)」(『新・八宗綱要』法蔵館、二〇〇一年)、水上文義「法華曼荼羅と円密一致思想の「曼荼羅」」(『台密思想形成の研究』春秋社、二〇〇八年)、ルチア・ドルチェ「台密における法華経解釈と儀礼」(『天台学報』特別号、二〇〇七年一〇月)、同「法華経と密教」(『法華経と日蓮』春秋社、二〇一四年)など参照。

(19)『仏書解説大辞典』の「講演法華儀」項目(田島徳音)、長部和雄「法華の密教化に関する私見」(『密教文化』二六、一九五四年三月)、水上文義「安然以前に『蓮華三昧経』を「引用」した文献の検討」(『台密思想形成の研究』前掲注18)参照。

(20)『渓嵐拾葉集』巻二八(『大正蔵』七六、六〇〇頁a)。

(21) ただし『渓嵐拾葉集』に引かれている文言は、現存する『講演法華儀』には見出せない。

(22)『講演法華略儀』巻上(『大日本仏教全書』二七、九二二頁)。

(23) 水上文義氏は『講演法華儀』について「円密一致を説く文献の大部分は、通常はいかに『法華経』の思想とその註釈とが、密教思想と齟齬をきたさずに整合するものであるかということに重点が置かれるのに対し、本書の場合は密教思想が前提で、そこに『法華経』をどのように展開するかが鍵となっていよう」と評している。水上文義「安然以前に『蓮華三昧経』を「引用」した文献の検討」(前掲注19)。

(24)『辰菩薩口伝』の八葉図(図1)については、前掲注14参照。なお『法華曼荼羅諸品配釈』も、「大日・序品」「宝幢・方便品」「華開・信解品」「阿弥陀・寿量品」「天鼓音・神力品」「普賢・薬草品」「文殊・提婆品」「観音・普門品」「弥勒・分別功徳品」と記し、完全ではないものの、『辰菩薩口伝』と重なる部分が多い。

(25)『法華輝臨遊風談』(『大日本仏教全書』一四、四七七頁)。本書について水上文義氏は良助仮託としている。水上文義「『蓮華三昧経』

の基礎的考察」「良助親王の神道説をめぐって」（『台密思想形成の研究』前掲注18）。
(26)『法華輝臨遊風談』に見える諸尊の配当は、『蓮華三昧経』と呼ばれる日本撰述経典の配当に十羅刹女と吒枳尼天を加えた形である。『蓮華三昧経』は『講演法華儀』などと類似する内容で、仏書や神祇書などさまざまな文献に使用された。『蓮華三昧経』の現存する本文は、中世日本で作成されたものと考えられている。水上文義「『蓮華三昧経』の基礎的考察」（前掲注25）参照。
(27)『仏書解説大辞典』「要記」項目を参照。本項目を担当した田島徳音氏は、本書の巻末に「天永元年」（一一一〇）の年記が見えるため、おそらくその頃の著作かとしている。
(28)『辰菩薩口伝』（『陰陽道×密教』四九頁）。
(29)『辰菩薩口伝』（『陰陽道×密教』四九頁）。
(30) 水上文義氏は「円密一致思想の曼荼羅とは、そうした通例の図像としての（引用者注―『法華経観智儀軌』などに拠った）法華曼荼羅ではなく、日本天台で独自に考えられた「曼荼羅」であり、主に中世日本天台の偽疑書に記されるもの」と指摘している。水上文義「法華曼荼羅と円密一致思想の「曼荼羅」」（前掲注18）。
(31)『仏書解説大辞典』「法華経両界和合義」項目（渡辺最昌）、長部和雄「法華の密教化に関する私見」（前掲注19）参照。
(32)『辰菩薩口伝』（『陰陽道×密教』四九頁）。
(33) 山本ひろ子「摩多羅神の姿態変換」（『異神』平凡社、一九九八年）では、この印相を用いた「延納六月法」という吒枳尼天の修法について考証している。
(34)『大日経』（『大正蔵』一八、三〇頁ａ）。
(35)『胎蔵界大法対受記』第四（『大正蔵』七五、八六頁ａ）。
(36)『辰菩薩口伝』（『陰陽道×密教』四九頁）。
(37) 当該文字は梵字だが原本では破損しており、『陰陽道×密教』の翻刻では「pa字」としている。
(38)『辰菩薩口伝』（『陰陽道×密教』四九頁）。
(39) この後、さらに胸中の「智水」へと話題が広がる。「至テ胸ノ間一ニ水○《輪》也。其水○ノ上ニ、有リ八葉ノ大蓮花王一。其所住ハ胸之間也。化現シテ無量蓮花一ヲ、散シ在《ヲク》[梵字]字智水海中一ニ。是ヲ云花蔵海一ト也。入証ノ二乗不退ノ菩薩、不知見之一ヲ。故ニ云蜜厳海一ト也。初住已上等覚已還ノ菩薩、分ニ知見之ヲ一。妙覚仏究竟シテ、知見之。亦究竟シテ、住其蓮花王ノ上ニ給。故云妙覚海ト也」（『陰陽道×密教』四九頁）。衆生の胸の間に水輪があり、その上に八葉の大蓮華王がある。胸中には智水を湛えた胎金両部の悟りの海があるという、衆生の肉体と悟りとを結びつける密教的思惟が展開されている。

(40)『辰菩薩口伝』（『陰陽道×密教』四九頁）。

(41) たとえば『神道集』巻三「稲荷大明神事」においても、吒枳尼天に関する叙述は「内外八供」「大三法羯」「嬉鬘歌舞」「鈎索鎖鈴」など曼荼羅にまつわる語が用いられている。『神道集』も尊容を図像的に描写していることや、眷属を列挙していることなどを含めて、吒枳尼天の曼荼羅を連想させる記述がある。詳しくは、第II部第一章を参照。

(42)『辰菩薩口伝』（『陰陽道×密教』五〇頁）。

(43)『渓嵐拾葉集』巻六（『大正蔵』七六、五二〇頁c）。ほかに第一〇九（『大正蔵』七六、八六七頁b）にも同様の記事が見える。

(44) ここで詳しく触れる余地はないが、これは天皇の即位灌頂とも関係する秘説である。山本ひろ子「辰狐のイコノグラフィー」（前掲注1）参照。

(45) なお、「頓成悉地法」などの吒枳尼法では、吒枳尼天の本地は文殊菩薩とされる。これについては、本著の第II部第一章を参照。『渓嵐拾葉集』巻三九では吒枳尼天と文殊菩薩の同体説を前提に、文殊菩薩を「法花教主」とし、吒枳尼天を『法華経』の本門に、「奪精一切衆生精気神」を迹門に配当している。そして吒枳尼天と十羅刹女の同体説を展開することで、吒枳尼天と『法華経』とが一体であると主張している。

(46)『渓嵐拾葉集』巻三一（『大正蔵』七六、六〇八頁c〜六〇九頁a）。

(47)『辰菩薩口伝』（『陰陽道×密教』五〇頁）。

(48)『辰菩薩口伝』（『陰陽道×密教』五〇頁）。

(49) 吒枳尼天と即位灌頂に関する論考は、阿部泰郎「宝珠と王権」（前掲注1）、同「即位法の儀礼と縁起——中世王権神話論の構想」（『創造の世界』七三、一九九〇年）、同「灌頂儀礼と宗教テクスト」（前掲注4）、山本ひろ子「異類と双身——中世王権をめぐる性のメタファー」（『変成譜』前掲注1）、松本郁代『中世王権と即位灌頂』（前掲注1）、同『天皇の即位儀礼と神仏』（吉川弘文館、二〇一七年）、西岡芳文「ダキニ法の成立と展開」（『朱』五七、二〇一四年二月）など参照。本著でも第II部第三章で言及している。

（50）称名寺聖教のなかに、即位灌頂で用いられる印明や秘説を記した口伝書『輪王灌頂口決私』があり、これは『辰菩薩口伝』『辰菩薩口伝上口決』と同じ思想的背景を有する。阿部泰郎氏は『輪王灌頂口決私』の末に「隆弁伝」と見えることから、本書は鎌倉中期に鶴岡別当として幕府に仕え、三井寺長吏となった隆弁僧正の所説であり、寺門派の伝えた即位法の口決だと推測している。阿部泰郎「灌頂儀礼と宗教テクスト」（前掲注4）。『輪王灌頂口決私』については、第Ⅱ部第三章を参照。

（51）『渓嵐拾葉集』巻三九（『大正蔵』七六、六三二頁a）。

（52）『渓嵐拾葉集』巻三九（『大正蔵』七六、六三三頁a）。

（53）「智証大師請来目録」によると、円珍は良諝科点の『妙法蓮華経』七巻を請来している。『悉地成就決』七帖とは、あるいはこの『法華経』が変容した姿か。

（54）『渓嵐拾葉集』巻一〇五（『大正蔵』七六、八五三頁a）。

（55）山本ひろ子「異神と王権」（『異神』前掲注33）において、新羅明神と尊星王との同体説について論じられている。

（56）『辰菩薩口伝上口決』（『陰陽道×密教』五〇頁）。

（57）牧野和夫「太子伝と中世日本紀」（前掲注5）、同「「本地物」の四周」（前掲注5）、同「談義所逓蔵聖教について」（前掲注5）、大久保良順「天台の神本仏迹説資料」（『神道大系 論説編四 天台神道（下）』月報、神道大系編纂会、一九九三年五月）など参照。大久保氏によると、徳治三年（一三〇八）に『恵檀両流諸箇秘決』という台密の口決を類聚した「秀範」がいる。この「秀範」が称名寺へ吒枳尼天関連資料をもたらした秀範と同一であるとしたら台密にも精通した人物だったと考えられるが、これについては検討を要する。また、田中貴子氏は『渓嵐拾葉集』の編者である光宗が、正和元年（一三一二）ごろに義源から山王関係の伝授を受けていたことを指摘する。田中貴子「光宗と『渓嵐拾葉集』」（『『渓嵐拾葉集』の世界』名古屋大学出版会、二〇〇三年）。仮に秀範が義源から付法を受けていたとすれば、秀範と光宗は口決伝授の場や時期がほぼ重なっていたこととなる。

（58）櫛田良洪『真言密教成立過程の研究』（前掲注3）、納富常天「室生寺と称名寺釼阿」（『金沢文庫資料の研究』前掲注5）。

第三章　『辰菩薩口伝上口決』と法華曼荼羅

はじめに

本章では第Ⅱ部第二章に引き続き、称名寺聖教中の吒枳尼天関連資料を用いて、吒枳尼法をめぐる言説がどのように形成され、いかに機能したのかを考察する。とくに一四世紀初めに書写された『辰菩薩口伝』と『辰菩薩口伝上口決』（以下、『上口決』）という二点の資料を取り上げる。

『辰菩薩口伝』と『上口決』は吒枳尼天の秘説を集めた一結の聖教で、識語によれば正和三年（一三一四）に称名寺の学僧秀範が書写したものである。(1) 両書は智証大師や安然といった天台の先徳による「口決」（口で伝えられる秘密）という体裁で吒枳尼天の秘説を展開している。当該資料をもとに吒枳尼天と『法華経』をめぐる言説群を分析し、中世の秘説世界について論じたい。

一　吒枳尼天の口決と円密の一致

第Ⅱ部第二章において、『辰菩薩口伝』が天台教学の立場から吒枳尼天を媒介にして『法華経』（法華円教）と密教を融合させる「円密一致」を説く内容であること、そしてそれが中世日本天台の仮託書や、日本撰述経典の世界と近接するものであることを指摘した。いささか重複するが、ここでその内容を確認したい。

『辰菩薩口伝』には二点の八葉蓮華図が描かれ、円密の一致が説かれている。

まず、一点目が第Ⅱ部第二章に掲載した、図1の八葉図である。これは安然の口決として、吒枳尼天と『法華経』二十八品、胎蔵界の九尊と印契、十羅刹女とを対応させ、それぞれを八葉蓮華に配したものである。(2)これによって『法華経』と密教とを一体化し、その中心に吒枳尼天を据えることで、円密和合を体現する存在としての吒枳尼天を称揚している。

二点目が、八葉に「十如是」を配当した本章・図2の八葉図である。(3)十如是は『法華経』方便品で説かれる教えで、この図もまた円密の一致を示すものだが、これについては後述する。

図1の『法華経』の経文を配釈した曼荼羅は、円珍に仮託された『講演法華儀』や『法華曼荼羅諸品配釈』といった中世日本天台の仮託文献、および日本撰述経典『蓮華三昧経』などにも認められる言説である。(4)また、図2の十如是を配釈した曼荼羅は、こちらも円珍仮託の『法華経両界和合義』や、同じく『講演法華儀』に見出せる。このことから『辰菩薩口伝』の「口決」は、中世日本天台の仮託書類で先徳の口決として享受されていたものであり、『辰菩薩口伝』は円密一致をめぐる中世の仮託文献や、日本撰述経典との交錯のなかに成立したものだと考えられる。吒枳尼天は法華円教と密教との合一を司る存在と称され、(5)顕密を兼ね備えた尊格として『法華経』をめぐる曼荼羅世界を統合する役割を担うのである。

なお、『法華経』と八葉の和合は、人間の「心」を食すという吒枳尼天の性質によって成就するものであった。『大日経疏』によると、吒枳尼天は六ヶ月前に人の死を知り、死者の「心」すなわち「人黄」（精気・心臓）を食べるという。(6)この特質が、『辰菩薩口伝』の秘説の肝要として取り入れられたのである。

『辰菩薩口伝』には智証大師の口決として、八葉蓮華と衆生の府蔵とを重ね合わせる記述がある。心臓と胎蔵中台八葉院（八葉蓮華）との同一化は、たとえば安然の『菩提心義抄』などにあるように、密教の基本的な考え方であった。[7]

円密が和合した八葉蓮華であるところの衆生の心臓は、『辰菩薩口伝』において吒枳尼天の「智恵ノ舌」で清められるものだった。[8] つまり、衆生の心臓を食用するという吒枳尼天の行為が、人々に悟りを得させるための方便として解釈されているわけである。

こうした説は、『辰菩薩口伝』と一結の『上口決』でも共有された。『上口決』では、吒枳尼天が北辰となって衆生に命根を施すことや、寿福を与えることを説いた後に、吒枳尼天と同体とする『法華経』の羅刹女について、次のように述べている。

> 況又タ奪一切衆生精気女者、此尊ノ異名也。或奪二衆生ノ魂魄ヲ一、或住二死陀林一食二死人ノ骨肉ヲ一。生スル時ハ与ヘ二寿福ヲ一、死スル時ハ還テ食ス。（中略）深秘ノ伝ニ云ク、只是舐テ二衆生ノ無明ノ魂魄ヲ一顕シ二法性心蓮ヲ一、食シテ二无始生死ノ骨肉ヲ一、令玉フ三証二涅槃ノ妙理ヲ一振舞也リ。[9]

十羅刹女の一人である「奪一切衆生精気羅刹女」は、吒枳尼天の異名である。衆生が生きているときには寿福を与え、死して後はその身体を食す。ただ衆生の魂魄を舐めて法性心蓮を顕し、骨肉を食べて涅槃の妙理を証すのだという。

このように『辰菩薩口伝』と『上口決』には、円密の教理を内包する「八葉蓮華＝心臓」と、それを舐めて清らかにし、骨肉を食して涅槃に導く吒枳尼天という、衆生の身体をともなったイメージが存在している。そしてこうした吒枳尼天の行為は、一切衆生を成仏させるための深秘として伝えられているのである。

二　並座する二仏と五大法性の宝塔

前述のように、『辰菩薩口伝』には十如是を配した「法全闍梨図」[10]と呼称される八葉蓮華図が描かれている（図2）。この図では「報」と記された蓮華の中央に、「大日台／多宝」「大日金／釈迦」とあるのが見える。これは胎蔵界の大日如来である多宝如来と、金剛界の大日如来である釈迦如来を意味し、多宝・釈迦の二仏が中台に並座する構図は「法華経法」という密教修法で用いられる「法華曼荼羅」を想起させる[11]。法華曼荼羅は『法華経』の宝塔品を密教的に解釈したもので、胎金両部の合行をあらわし、不空訳『成就妙法蓮華経王瑜伽観智儀軌』（以下、『観智儀軌』）などを所依としている。法華経法は、息災・増益・延命・滅罪のための修法であり、とくに台密で重んじられた。

『辰菩薩口伝』の「法全闍梨図」を見るにあたり、まずは『法華経』宝塔品の内容を確認しておきたい。

釈迦如来が『法華経』を説いた時、地中から七宝の塔が忽然とあらわれて空中にとどまり、釈迦如来と『法華経』を讃える声が響いた。釈迦如来は宝塔があらわれた由来を、次のように語った。「宝塔のなかには如来の全身（一塊の如来の身体）が安置されていて、その仏の名を多宝という。多宝は東方宝浄世界の仏である。在世からの誓願によって、滅後は塔中に坐したまま『法華経』の説かれるところにあらわれて、教えが真実であることを証明するのである」と。それから釈迦如来は空中の宝塔に入り、多宝如来と並んで坐した。

この内容に基づき、通常、法華曼荼羅には中台八葉の中心に、釈迦・多宝如来が並座する宝塔が描かれている。二仏は『辰菩薩口伝』にもあるように、それぞれ胎金の大日如来と考えられた。ただし、『辰菩薩口伝』の「法全闍梨図」は、十如是が配当されている点や、諸尊が一致しない点など、『観智儀軌』に基づく一般的な法華曼荼羅とは異なる。水上文義氏によると、『講演法華儀』などの仮託書における曼荼羅は、「円教と密教をいかに合理的に整合させるかという円密一致論が目的ではなく、全く密教の立場から『法華経』をどのように曼荼羅の上に展開するか」を主眼とするものだという。(12)「法全闍梨図」も、これと同様の発想に立脚するものだと考えられよう。

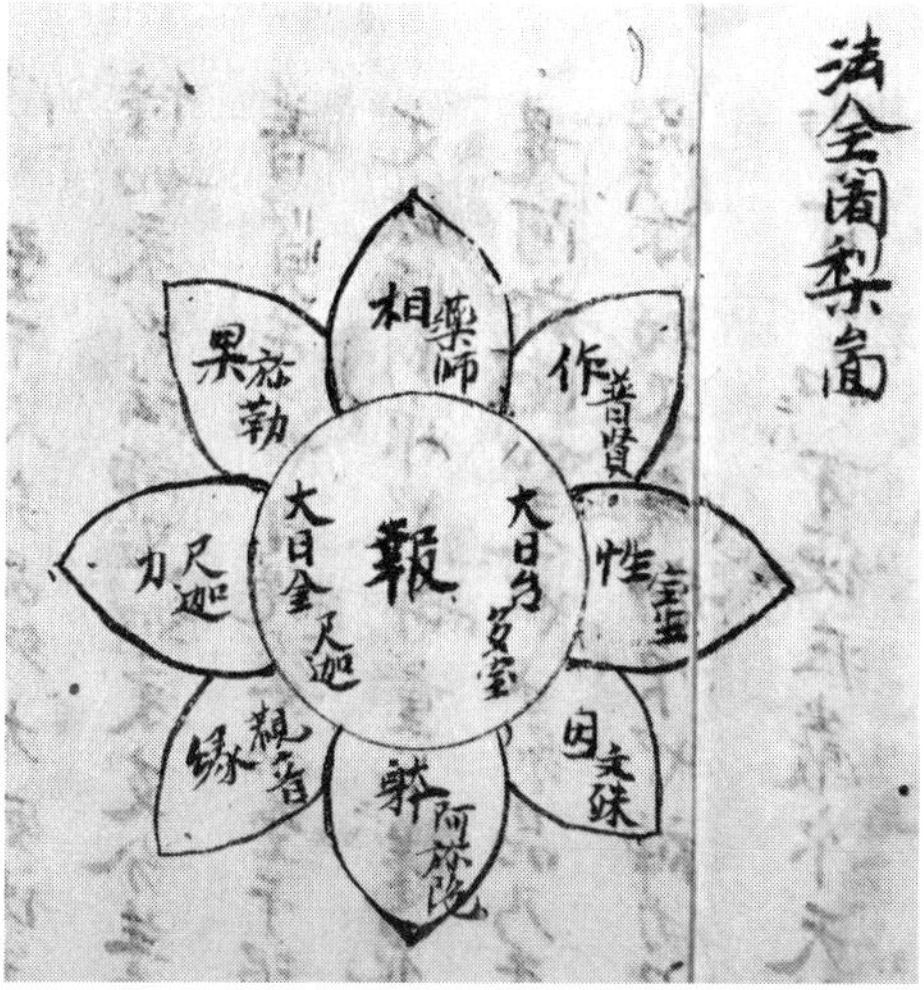

図2 『辰菩薩口伝』より法全闍梨図

この『辰菩薩口伝』と同様に、宝塔品を念頭におきながら、『法華経』と吒枳尼天との融合を説くのが『上口決』である。『上口決』では、吒枳尼天の行為が涅槃の妙理を証すという「深秘ノ伝」に加え、さらなる深秘が宝塔品にあらわれているとして、以下の説を展開する。

重タル深秘ニ云ク、辰狐食二肉一、食已テハ以二食ヲ為二内証法身一自受法楽スト云々。此深秘ハ顕ハレ宝塔品一ニ了ヌ。謂ク、多宝ハ是レ一切衆生ノ過去遠々ノ死骸《シカイ》、尺迦如来ハ无始広劫ノ辰狐王如来也《ナリ》。不レ動二食骨一ヲ。全ク是レ一乗ノ深秘、即身成仏ノ至極也《リ》。能所不二ナリ。故住ス一塔ニ。[13]

傍線部によれば、多宝如来は吒枳尼天に食される一切衆生の「死骸」であり、釈迦如来は無始広劫の「辰狐王如来」だという。食べられる死骸と、食べる辰狐王如来は能所不二（能動と受動は一体だということ）の関係にあるから、ともに一塔に住むのだと、ここでは解釈している。

また点線部によれば、吒枳尼天は衆生の肉を食べて腹中に取り込み、それを内証法身として自受法楽するという。つまり、食べる者と食べられる者が一体化するわけである。本来、宝塔品には説かれなかった「食べる／食べられる」という能と所の関係性を、ここでは吒枳尼天を介在させることによって新たに構築し、さらなる「深秘」を作り上げているのであった。

さらに『上口決』は、以下のように続ける。

々（引用者注—塔）者ハ万徳円満ノ体、死骨モ五大所成、野狐ノ身モ又タ五大所成也《リ》。死生倶ニ五大也リ。故ニ住二五大法性ノ塔一ニ。既ニ能住・所住分明也《ナリ》。色心互依ノ如二白日一ノ、六大法性宛然也《リ》。即身成仏不可疑之一ヲ。一乗至極在之一ニ。[14]

二仏が坐す塔は、あらゆる徳を欠けることなく具えた万徳円満の姿をあらわしている。死骨も野狐も、世界を構成する五大から成り、死（死骸）と生（野狐）はどちらも五大を具えているので、「五大法性ノ塔」に住むのだと説明している。
ここまでの『上口決』の言説を整理すると、両者は次のような関係性になる。

辰狐王如来――能―野狐―釈迦如来（食べる）
一切衆生死骸―所―死骨―多宝如来（食べられる）

どちらも五大で形成されていて、分かち難い能所不二の関係にあるから、塔内に並座するという論理である。ここで登場する「五大法性ノ塔」は、地・水・火・風・空の五大を表示する五輪塔がイメージされよう。留意したいのが、衆生の身体もまた密教では五輪に配当されるということである。
『法華経』の宝塔を五大法性の塔とする説は、たとえば山門黒谷流の光宗（一二七六～一三五〇）が編纂した『渓嵐拾葉集』巻二七「法華法」に見ることができる。『渓嵐拾葉集』は宝塔品を「五大法性常住ノ宝塔ナル事」を説くものとし、宝塔と五大、そして身体との関係を次のように記す。

一、宝塔品事　第十一　此品者、五大法性常住ノ宝塔ナル事ヲ説也。又云、多宝仏ト者、平等大会ノ大智常住ヲ顕也。（中略）今宝塔者、是毘盧遮那身土相称之相貌カ故也云云。五大法性五字真言事𑖀𑖪𑖨𑖮𑖏。釈曰、腰下ハ𑖀字本不生、金色方形、仏身地。臍輪ハ𑖪字離言説、白色円形、大悲水。心上ハ𑖨字無染著、赤色三角、大智火。額上ハ𑖮字離因業、黒色半月、大風輪。頂上𑖏字等虚空、雑色団形、大空輪。即是無作真言也云云。[15]

五大は五字真言と、身体の各部位に配当される。これは『大日経』や『大日経疏』などで示される五輪成身観、五字厳身観と呼ばれる観法の思想で、密教行者の身体に五字を配して荘厳し、大日如来や修法の本尊と一体化するものである。(16)『上口決』の塔をめぐる叙述は、こうした仏と衆生の身体に対する解釈が根幹にあるだろう。

このように身体にも見立てられる五大法性の宝塔は、さらにイメージを肥大させて、龍猛菩薩に密教が伝えられたという南天の鉄塔とも結びついた。『上口決』では、釈迦仏・多宝仏が坐す塔について、以下のように述べる。

況又タ不レ動二此塔一ヲ。全ク南天ノ鉄塔也リ。若シ爾者、鉄塔流伝ノ両部ハ、即チ本迹二門ノ深秘。数粒ノ仏骨ハ一切衆生ノ生々世々ノ遺骨、多宝世尊ノ全体ナリ。大日者、過去遠々辰狐王、尺迦如来是也。住二蜜塔中一者即チ是レ也リ。(17)

二仏が並座する『法華経』宝塔品の塔は、南天の鉄塔と同じものである。ゆえに、鉄塔で伝授された胎金両部の法門は、『法華経』の本迹二門の深秘なのである。数粒の仏骨は、一切衆生の生々世々の遺骨であり、多宝如来の全体である。大日如来は、過去遠々の辰狐王であり、釈迦如来がこれであるのだ、という。ここで本文が宝塔品の「如来全身」という経文に倣って、多宝如来の「全体」と記している点に注意したい。これについては後述する。

このように『上口決』は、『法華経』の宝塔と南天の鉄塔とを一致させることで、「両部＝本迹」「大日如来＝辰狐王（吒枳尼天）＝釈迦如来」という論理を展開し、重ねて円教と密教の融合を説く。台密では大日如来と久遠の釈迦を同体とするが、ここでは更に吒枳尼天を介在させている点に特徴があるといえよう。

三　毘沙門天の宝塔と身心

ところで、吒枳尼天は四天王の一人、北方の守護者である毘沙門天（多聞天）と同体だとされる。両者の同体関係は、すでに保延五年（一一三九）の書写奥書を持つ、仁和寺蔵『多聞吒枳尼経』に見ることができる。(18) また『辰菩薩口伝』と同じく秀範写の称名寺聖教『乙足神供祭文』にも、「本尊ハ文殊ノ垂迹ナリ。為三ニ利益二衆生一ヲ、或ハ現シテ辰狐一ト、人ニ与ヘ愛敬一ヲ、或ハ示シテ多門一ト、人ニ授ク福徳一ヲ」(19)と、両者が一体の関係にあることが示されている。『辰菩薩口伝』『上口決』の五大法性の宝塔と、身体との関係性を考える際、この毘沙門天をめぐる言説が手がかりとなる。

『辰菩薩口伝』にも、毘沙門天を連想させる以下のような叙述が見える。

私云、吒枳尼王如意珠王菩薩者、塔中ノ大日所覚悟給一。本覚ノ中ノ智法身如来ノ示現也。故ニ在テ生死ノ軍中一ニ、着テ中道ノ甲冑一ヲ、降伏ス四魔邪敵一ヲ。入テ蜜塔ノ中一ニ、持テ中道ノ善力一ヲ、遮二怨一、中道ノ将軍王也。故ニ、此甲冑ノ印明ヲハ用四魔降伏一也。此ノ意ヲ云、大日化シテ作降伏四魔将軍一ト也。深秘々々最秘々々尚々可聞口決一ヲ。(20)

「吒枳尼王如意珠王菩薩」は塔中の大日如来であり、中道の甲冑を着て四魔邪敵を降伏する。密塔に入り、中道の善力をもって、二怨を遮る中道の将軍王である。この描写は、『渓嵐拾葉集』巻三六「多聞天悉決事」の毘沙門天の様子とも重なる。

又一義云、毘《ニタリ》二沙門一ニ者如レ点談也。所レ謂為レ除二四魔軍一ヲ。雖レ著二金剛甲冑一ヲ、為二正法護持一ト。（中略）示云、多聞者降魔大将施福ノ本尊也。左手ニ宝塔ヲ持事ハ、正法護持ノ表相也。右手ニ三古鉾ヲ取事者、降魔ノ表示也。是以四魔三障ノ難ヲ除テ、三身円満ノ恵命ヲ得也。故ニ身ニ著二金剛甲冑一、寿命長遠徳ヲ令レ得也。仍所持三摩耶悉是福智円満表示也云云。[21]

毘沙門天は金剛の甲冑に身を包み、左手には宝塔を、右手には三古鉾を携えて、四魔三障の難を除き、寿命長遠の徳を与える。邪敵を払う将軍であると同時に、福徳を与える福神でもあるという。注目したいのが、毘沙門天が左手に捧げ持つ宝塔である。これは「此尊所持ノ宝塔ハ法花塔婆也」[22]と記されるなど、『法華経』の塔婆とも見なされた。

紀州根来寺の頼瑜（一二二六～一三〇四）による『薄草子口決』巻二〇「毘沙門天」では、宝塔が毘沙門天の身体となり、次々とイメージが拡大していく様子を見ることができる。

又尋云、或又以手押腰如何。答。御口云、此形像為二当尊秘事一。其身即五輪塔。五輪成身深義五大厳身奥旨可レ思レ之。故知又持レ塔義也。私助云、彼尊身即塔婆心是舎利也。身中有レ心故、塔中安二舎利一。（中略）又一義云、菩提心体即五輪塔又鉄塔也。即舎利也。宝珠也。故大疏第六云、復次梵音制底与二質多一同体。此中秘密謂レ心為二仏塔一也文。[23]

口伝によると、毘沙門天の腰に手を押し当てた姿は、当尊の秘事である。その身はすなわち五輪塔であり、ゆえに塔を持つのである。その身は塔婆心であり、これは舎利のことである。毘沙門天の身中に「心」（＝舎利）があるので、捧げ持つ塔のなかにも同じように舎利が安置されているのだと述べている。また別の説によれば、菩提心体はすなわち五輪塔であり、南天の鉄塔であり、舎利であり、如意宝珠である。(24) ゆえに『大日経疏』には、「梵音で、制底《せいてい》（塔）と質多《しった》（心）は同じ字体である。その秘密として、心を仏塔とした」とあるのだ、という。(25)

ここで登場する如意宝珠は、いうまでもなく舎利と習合するものであり、中世密教の秘説を担う重要な存在である。また先に掲げた『辰菩薩口伝』で「吒枳尼王如意珠王菩薩」と称されていたことからもわかるように、宝珠は吒枳尼天とも習合していた。(26)『辰菩薩口伝』の内題は、「如意宝珠王菩薩口決」である。本文中でも「当尊ハ只是レ宝朱（珠）ナリ」と示されるなど、両者の一体化は強く意識されている。このように毘沙門天をめぐる叙述からは、宝塔と舎利（宝珠）を一体とする思想が確認できる。

さらに、天台僧の澄豪（一二五九～一三五〇）が撰述した『総持抄』の「法華法事」には、塔と心臓に関する、次のような説が掲げられている。

問。実ニハ塔者何物耶。示云、一切衆生身心也。身者干栗駄。是蓮華即所住也。心者質多。是月輪即能住也。月輪者行者心月輪也。(27)

『法華経』の塔は本当は何であるのか、という問いに対し、一切衆生の身心だと答える。そのなかでも「身」は干栗駄《かりだ》（心臓／胎蔵界）であり、これは蓮華で所住である。また「心」は質多（慮知心／金剛界）であり、これは月輪で能住であるという。

以上の言説群をまとめると、『辰菩薩口伝』『上口決』で語られている『法華経』の宝塔は、中世密教の秘事口伝の文脈において、悟りを内包する八分肉団（八葉蓮華）、五大を具える衆生の身体、そして舎利と往還する如意宝珠という性質を有している。諸解釈を取り入れることで言説が拡がり、イメージの連環で次々と展開していく有様は、口伝による秘説形成の営みをあらわすものといえよう。

『辰菩薩口伝』『上口決』の多義的な解釈には、密教的な身体観と円密一致への志向性が強く作用している。両書において大日如来の化身とされる吒枳尼天は、釈迦如来に変じて多宝如来とともに塔中に坐す。この塔は『法華経』の宝塔であり、密教が相承された南天の鉄塔であり、吒枳尼天が食む心蓮華でもあった。こうして吒枳尼天を媒にした『法華経』と密教の融合が成し遂げられ、吒枳尼天は「真言法花ノ物体」としての地位を確立するのである。

四　吒枳尼天と即位灌頂

『辰菩薩口伝』や『上口決』で展開された重層的な言説とイメージは、即位灌頂の口決とも結びついた。即位灌頂は、天皇が摂関家より伝授された印明を即位式で実修する儀礼である。そこには吒枳尼天の印明を用いる灌頂もあったことが知られている。(28) 阿部泰郎氏は即位灌頂について、「天皇が〝王〟になることを身・口・意の三業において実践する所作《パフォーマンス》であり、〝王の身体〟を自ら仏としてテクスト化する行為」と評した。(29)

『辰菩薩口伝』は巻末で、即位灌頂に関して次のように述べている。

入ル当尊三摩地一ニ、即チ真言法花ノ肝心ナリ。即位灌頂独リ在三井者、即チ是等ノ大事也。可秘々々。[30]

『辰菩薩口伝』では、即位灌頂は三井寺に唯一伝わるものであり、それは吒枳尼天が真言法華の肝心だという大事に由来するという。本書にはこれ以外、即位灌頂に関する具体的な記述は認められない。しかし、同じく称名寺聖教の『輪王灌頂口決私』に、『辰菩薩口伝』『上口決』と通底する言説を見ることができる。

『輪王灌頂口決私』は、称名寺二世釼阿が晩年に書写したもので、即位灌頂で用いられる印明や秘説を記した口伝書である。本書の末に「隆弁伝」と見えることから、鎌倉中期に鶴岡別当として幕府に仕え、三井寺長吏となった隆弁僧正の所説であり、寺門派の伝えた即位法の口決だと推測されている。[31]

即位灌頂には大きく分けて『法華経』四要品（方便品・安楽行品・寿量品・観音品）の授受を主眼とする天台方即位法[32]と、四海領掌印を結び真言を唱える東寺方即位法があるとされるが、『輪王灌頂口決私』はその両方の要素を兼ね具えている。[33]

外題の「輪王」は、転輪聖王のことである。なかでも須弥山世界の四大洲を統治する最勝の王を金輪聖王、あるいは頂輪王と呼ぶ。輪王灌頂は天皇を金輪聖王に擬して行なわれるものであり、[34]『輪王灌頂口決私』にも「住二スルヲ金〇（輪）ノ位一ニ名二輪王水丁（灌頂）一ト。故ニ御即位ノ後ハ奉三呼二金輪聖王一ト。当尊即チ金〇、々々即チ当尊也[35]」と、金輪の位に住することを輪王灌頂ということ、即位後は金輪聖王と称すること、当尊（吒枳尼天）はすなわち金輪であり、金輪はすなわち当尊だということが語られている。

『輪王灌頂口決私』で注目したいのが、灌頂で用いられる『法華経』四要品への言及部分である。

十▲次四要品

口云、法花ト金輪トハ、人ト法トノ択帰肝ノ心、倶ニ当尊ノ三摩地也リ。（中略）諸教ハ帰法花ノ二十八品ニ、々々々ハ帰四要ニ、々々ノ肝心ハ即チ輪王頂上ノ玉也リ。金〇法花倶ニ以全身ノ舎利ヲ為体ト。[36]

法華と金輪はともに当尊（吒枳尼天）の三摩地である。[37] 諸教は『法華経』の二十八品に帰し、二十八品は四要品に帰す。四要の肝心は「輪王頂上ノ玉」[38]である。金輪も法華も「全身ノ舎利」をもって体となすのだという。この「全身ノ舎利」は、本章の第二節で多宝如来の「全体」（『上口決』）とされたものであり、釈迦如来の遺骨のように分割した砕身舎利に対して、多宝如来のように全身で一塊となっている舎利のことを指す。これは仏の大慧の譬喩であるとともに『法華経』自体をも意味した。たとえば『渓嵐拾葉集』巻一一では「法花者、全身舎利。諸経者、砕身舎利也」[39]と、『法華経』を全身舎利、それ以外の諸経を砕身舎利としている。

さらに『輪王灌頂口決私』は、次のように続ける。

全身舎利ト者、惣別倶ニ所ノ帰根本惣持ノ円塔ナリ。入ルヲ此円塔ニ、名ク一字頂〇王ノ灌頂ト。此ト所入ノ円塔者ハ、即チ心塔也リ。心塔者ハ即チ独一法界。本有金剛ノ智珠也リ。本尊ノ所ノ頂戴玉フ、一果ノ宝朱(珠)ト者、即是レ也リ。[40]

全身舎利は、根本惣持の円塔である。この円塔に入ることを一字頂輪王の灌頂と呼ぶ。円塔は「心塔」（衆生の心を大日如来法性の塔婆と見なす語）であり、心塔はすなわち独一法界、本有金剛の智珠である。本尊がいただく宝珠は、これのことであるという。[41] 塔、舎利、『法華経』が往還し一体化する構図は、前節までに見た『辰菩薩口伝』『上口決』

と共通する思想であり、ここではそこへ天皇の身体という要素が加わる。それから本書は、次のように述べる。

彼ノ円白ノ心塔者ハ、今ノ八葉方寸ノ心蓮也リ。此心蓮ヲ名ニ妙法蓮花一ト。此心蓮者、又彼根本ノ円塔也リ。（中略）故ニ野虎ヘ衆生精気ヲスフト者申ハ、彼ノ八葉ノ心蓮ヲスフ也。スフ意ハ生死無明ノ障ヲスイホシテ、可三令二本付法性心蓮ノ根本一ヘ行相也リ。故ニ第十羅刹ノ奪精気ハ即チ今ノ辰虎王菩薩也一。十如是ノ中ニハ本末究竟ノ如是也一。法花ノ体ハ十如是ナリ。々々々々ノ惣体ハ、第十ノ究竟如是也一。故知ヌ、当尊ハ顕密ノ根源一、両部一本迹ノ能生ノ元本也リ。元本者、只是レ心塔一果ノ宝朱也リ。深秘々々。[42]

傍線部で、「円白ノ心塔」は「八葉方寸ノ心蓮」であり、「妙法蓮華」だと明言している。続いて波線部で、八葉の心蓮を吸う十羅刹女は「辰虎(狐)王菩薩」であり、十如是のなかの「本末究竟」だという。十如是の惣体である「究竟」に位置づけられる吒枳尼天は、「顕密ノ根源」「両部本迹ノ能生」として、顕密と両部とを兼ね具えた存在であり、その「元本」は「心塔一果ノ宝朱(珠)」にあると結んでいるのであった。これらは『辰菩薩口伝』『上口決』において、智証大師や安然の口決として繰り返されてきた所説と一致するものである。

即位灌頂は、「即位する天皇の密教的な身体の解釈をつうじて、中世的な天皇像を成立させていく」ための儀礼とされる。[43]『輪王灌頂口決私』では、『法華経』と同一化した円塔に入ることが輪王灌頂だと述べていた。三井寺に伝わったというこの即位灌頂の口決は、天皇の身体と『法華経』、そして大日如来との一体化を目的としているが、それは本書において吒枳尼天を媒介に成就するものだったのである。

おわりに

以上のように、『辰菩薩口伝』と『辰菩薩口伝上口決』では、八葉蓮華、宝塔、舎利、如意宝珠といったキーワードを媒介に『法華経』と密教との一致が繰り返し説かれていた。これらの言説は、天台の仮託書や日本撰述経典に類する所説であったが、『辰菩薩口伝』『上口決』では、それが顕密一致の存在とされる吒枳尼天によって成就する点が特徴的であった。

この思想は、『輪王灌頂口決私』のような即位灌頂の口決にも取り入れられた。天皇と仏を一体化し、顕密の一致を標榜する輪王灌頂に、顕密の惣体とされる吒枳尼天は結びつきやすかったと考えられる。これは吒枳尼天が心蓮華という身中の曼荼羅と直結する存在であったこととも関係していよう。

さまざまな口決や解釈を摂取することで新たな秘説が生み出され、イメージの連鎖によって次々と展開していく言説世界の様相は、中世的な秘説形成の過程を如実にあらわしている。吒枳尼天をめぐる言説は『法華経』と結合しながら、吒枳尼法から即位灌頂に至る中世儀礼の一端を担っていたのである。

注

(1) 称名寺聖教の吒枳尼天関連資料については、櫛田良洪「神道思想の受容」(『真言密教成立過程の研究』山喜房仏書林、一九六四年)、企画展『陰陽道×密教』(神奈川県立金沢文庫、二〇〇七年)、西岡芳文「金沢称名寺における頓成悉地法――企画展「陰陽道×密教」補遺」(『金沢文庫研究』三二〇、二〇〇八年三月)、阿部泰郎「灌頂儀礼と宗教テクスト――儀礼テクストとしての中世密教聖教」(『中世日本の宗教テクスト体系』名古屋大学出版会、二〇一三年)などを参照。

(2) 詳しくは、第Ⅱ部第二章を参照。『辰菩薩口伝』では「方便品、諸仏智恵、甚深无量ト云二句八字ハ、宣无所不至印ヲ一。中台大日如来ナリ。（中略）是円仏方便シテ、化作玉ヘリ藍婆羅刹女ノ身一ト。従リ其智恵門ト云一、至于人記品ノ終一ニ、宣フ大威徳生印一ヲ。宝幢如来ナリ。（中略）其最後吒枳尼天方便シテ、示現奪一切衆生精気羅刹女ノ身一ト也。是十羅刹女八葉ノ九尊ハ、及吒枳尼尊、示現色身也」「私云、此八葉九尊ハ即大日如来ノ化現也。最後ノ化身、吒枳尼天是也。此吒枳尼天之示現、十名奪一切衆生精気羅刹女身也」（『陰陽道×密教』前掲注1、四九頁）などと記している。『辰菩薩口伝』の八葉は胎蔵界と金剛界に関する記述が混在し、胎金の一体も象徴している。なお、本章で引用する称名寺聖教の本文および図は、金沢文庫の影印を元に、『陰陽道×密教』を適宜参照して作成している。本文の傍線、句読点、括弧等は私に付し、用字は原則、通行の字体に改めた。

（3）『辰菩薩口伝』「其八分肉団、即自性清浄覚悟ノ蓮花也。其葉々ニ无量无辺ノ数アリ。根本ハ八葉也。東葉ヲハ名相葉一ト。南葉ヲハ名性葉一ト。（中略）中台ヲハ名報台一ト。始ノ相葉ヲ為本一、後ノ報台ヲ為末一。九尊如来、化中道実相一ト也。故云究竟一ト也。（中略）四仏四菩薩ハ端座八葉ノ上一ニ、大日如来ハ結跏趺座中台一ニ給フ。其ノ无量无辺花葉ノ上ニ、仏菩薩・明王等端座給」（『陰陽道×密教』四九頁）。なお、図2の図版は『陰陽道×密教』より転載。

（4）水上文義氏は円密一致思想を反映した『講演法華儀』『法華曼荼羅諸品配釈』などの曼荼羅について、「日本天台で独自に考えられた「曼荼羅」であり、主に中世日本天台の偽疑書に記されるもの」と指摘している。それらは「たいがいが胎蔵曼荼羅の上に直接『法華経』品々を投影しようとするもの」であり、それゆえに図像になり得ないが、「それが日本撰述偽疑書に見る「法華経曼荼羅」の大きな特徴」だという。水上文義「法華曼荼羅と円密一致思想の「曼荼羅」」（『台密思想形成の研究』春秋社、二〇〇八年）。なお、『講演法華儀』は一二世紀中ごろまでには成立していたと見られるという。同「安然以前に『蓮華三昧経』を「引用」した文献の検討」（『台密思想形成の研究』）。

（5）『辰菩薩口伝上口決』で、辰菩薩は「真言法花ノ惣体」（『陰陽道×密教』五〇頁）とされている。

（6）『大日経疏』巻一〇「次荼吉尼真言。此是世間有造此法術者、亦自在呪術。能知人欲命終者、六月即知之。知已即作法。取其心食之。所以爾者、人身中有黄。所謂人黄猶牛有黄也。若得食者、能得極大成就」（『大正蔵』三九、六八七頁b）。「人黄」は人間の精気や命根を示す語であるが、具体的に身体の何を指しているのかは、心臓のほかにも諸説がある。山本ひろ子「双身の神智学」（『変成譜――中世神仏習合の世界』春秋社、二〇〇〇年）など参照。

（7）『菩提心義抄』第一「一切衆生胸間肉団其形八分。男仰女伏。其色丹赤。是五蔵中之心蔵也。真言行者観二此八分一為二八葉蓮一」（『大

正蔵』七五、四五四頁b)。中世の例では、澄豪の『総持抄』巻七「法華法事」に、「示云、妙法蓮華者、衆生心身也。妙法者心也。蓮華者身也。摂二法界一為二一心一。法界即識大也。摂二五大一為二八分肉団一。肉団即八葉蓮華也。此ヲ蓮華ト云也」(『大正蔵』七七、八六頁a)などと見える。

(8)『辰菩薩口伝』「修徳ノ法身ハ白狐王ナリ。以テ智恵ノ舌一ヲ、舐无明ノ血一ヲ尽シテ、真如ノ理体、自性清浄覚悟ノ蓮花ト顕ス」(『陰陽道×密教』四九頁)とある。

(9)『辰菩薩口伝上口決』(『陰陽道×密教』五〇頁)。

(10)法全は唐青龍寺の僧であり、入唐した円珍は法全から両部大法を受け、金剛界五部諸尊の観法を説いた白描図像『五部心観』を相伝している。「法全闍梨図」はそこから名づけられたものか。

(11)法華曼荼羅の二仏については、『総持抄』「法華法事」に「又本尊塔中安二釈迦多宝一也。本有修生アリ。修生時、釈迦多宝為二本尊一。本有時、釈迦多宝ヲ台金両部大日ト云也。於二法華実相中道理一、分レ之為二本迹二門一。本迹二門ハ、是両部大日。(中略)以二蓮華一為二法華体一。八分肉団即八葉蓮華也」(『大正蔵』七七、八四頁a)、頼瑜の『秘鈔問答』第七「法華経」に「御口決云、今法最秘伝云、釈迦多宝、如レ次金台二界大日習也」(『大正蔵』七九、四〇二頁a)などと記されている。

(12)水上文義「安然以前に『蓮華三昧経』を「引用」した文献の検討」(前掲注4)参照。

(13)『辰菩薩口伝上口決』(『陰陽道×密教』五〇頁)。

(14)『辰菩薩口伝上口決』(『陰陽道×密教』五〇頁)。

(15)『渓嵐拾葉集』巻二七(『大正蔵』七六、五八九頁b)。

(16)塔は大日如来の三昧耶身で、主に二種類あり、五輪所成の塔は胎蔵界の五大の徳を示す理塔、鑁字所成の塔は金剛界の知徳をあらわす修生塔であるという。

(17)『辰菩薩口伝上口決』(『陰陽道×密教』五一頁)。

(18)阿部泰郎「宝珠と王権――中世王権と密教儀礼」(『岩波講座東洋思想16 日本思想2』岩波書店、一九八九年)、入江多美「輪王寺蔵「伊頭那(飯綱)曼荼羅図と仁和寺蔵『多聞吒枳尼経』について」(『歴史と文化』一七、二〇〇八年八月)参照。

(19)『乙足神供祭文』(『陰陽道×密教』五一頁)。

(20)『辰菩薩口伝』(『陰陽道×密教』五〇頁)。
(21)『渓嵐拾葉集』巻三六(『大正蔵』七六、六二九頁a)。
(22)『渓嵐拾葉集』巻三六(『大正蔵』七六、六二九頁b)。
(23)『薄草子口決』巻二〇(『大正蔵』七九、二九五頁c~二九六頁a)。
(24)同じく頼瑜の『秘鈔問答』第一四本「毘沙門」でも、「御口決云、今次第全身宝塔者、此塔中安二仏舎利一也云。全身舎利宝塔之義也。此舎利即如意宝珠也。薄奉塔以眼視之者、塔是南天鉄塔也」(『大正蔵』七九、五三四頁a)とあり、全身舎利=宝塔=如意宝珠=南天鉄塔という構図を見ることができる。
(25)なお、制底(仏塔)は『大日経疏』巻五に、「制底翻為福聚。謂諸仏一切功徳聚在其中。是故世人、為求福故、悉皆供養恭敬」(『大正蔵』三九、六二八頁b)と見える。福聚は「福の集まり」という意味で、福神である吒枳尼天・毘沙門天に通じる。
(26)阿部泰郎「宝珠と王権」(前掲注18)、山本ひろ子「辰狐のイコノグラフィー」(『変成譜』前掲注6)など参照。
(27)『総持抄』巻七(『大正蔵』七七、八五頁a)。
(28)即位灌頂の濫觴は後三条天皇の頃と伝わるが、史料上で確認ができるのは伏見天皇が即位した正応元年(一二八八)のことである。吒枳尼法と即位灌頂に関する論考は、阿部泰郎「宝珠と王権」(前掲注18)、同「即位法の儀礼と縁起——中世王権神話論の構想」(『創造の世界』七三、一九九〇年)、同「中世宗教思想文献の研究(三)——架蔵『輪王灌頂口伝』翻印と解題」(『名古屋大学文学部研究論集 文学』五五、二〇〇九年三月)、同「灌頂儀礼と宗教テクスト」(前掲注1)、田中貴子「外法と愛法の中世」(『外法と愛法の中世』平凡社、二〇〇六年)、山本ひろ子「異類と双身——中世王権をめぐる性のメタファー」(『変成譜』前掲注6)、松本郁代『中世王権と即位灌頂——聖教のなかの歴史叙述』(森話社、二〇〇五年)、同『天皇の即位儀礼と神仏』(吉川弘文館、二〇一七年)、西岡芳文「ダキニ法の成立と展開」(『朱』五七、二〇一四年二月)、上川通夫「中世の即位儀礼と仏教」(岩井忠熊・岡田精司編『天皇代替り儀式の歴史的展開——即位儀と大嘗祭』柏書房、一九八九年)など参照。
(29)阿部泰郎「灌頂儀礼と宗教テクスト」(前掲注1)。
(30)『辰菩薩口伝』(『陰陽道×密教』五〇頁)。
(31)阿部泰郎「灌頂儀礼と宗教テクスト」(前掲注1)。

（32）天台方即位法については、伊藤正義「慈童説話考」（『国語国文』五五五、一九八〇年）、阿部泰郎「慈童説話の形成――天台即位法の成立をめぐりて」（『国語国文』六〇〇・六〇一、一九八四年）等を参照。
（33）山本ひろ子氏は「東寺方はダキニ天の印明授受、天台方は『法華経』四要品の授受を眼目とするが、両者は相互に影響し合って、即位法は顕・密一体の複雑な構成を見せる」とし、「現伝する即位法のテキストは（中略）顕教と密教双方の行儀と宗旨が合体した顕密一致の灌頂」と指摘している。山本ひろ子「異類と双身」（前掲注28）。また阿部泰郎氏も『輪王灌頂口決私』について「真言方を含む天台方の即位法」「真言と天台を摂した顕密仏教の法」と評している。阿部泰郎「中世宗教思想文献の研究（三）」（前掲注28）。
（34）松本郁代氏は、一〇世紀にはすでに天皇が金輪聖王と同一視されていたことを指摘している。松本郁代「仏教的世界観における皇位」（『天皇の即位儀礼と神仏』前掲注28）。
（35）『輪王灌頂口決私』（『陰陽道×密教』五六頁）。
（36）『輪王灌頂口決私』（『陰陽道×密教』五六頁）。
（37）『輪王灌頂口決私』の口伝冒頭に見える「法花ト金輪トハ、人ト法トノ択帰肝ノ心、倶ニ当尊ノ三摩地也リ」という一文は、『辰菩薩口伝』巻末の「入ル当尊三摩地ニ、即チ真言法花ノ肝心ナリ」という記述と重なる。『辰菩薩口伝』と『輪王灌頂口決私』は、「法花・真言」「法花・金輪」という差異こそあるものの、両書ともにそれらが吒枳尼天の三摩地であり、吒枳尼天によって同一化されるものという点では同じ論理を有する。
（38）「輪王頂上ノ玉」は、『法華経』安楽行品に見える『法華経』の教えを輪王の髻中の明珠に喩えた譬喩を踏まえての表現か。『渓嵐拾葉集』巻一一には、「一、法花三顆宝珠事。仰云、珠有三種。一ニハ王頂ノ珠即本門珠也。二衣珠即迹門珠也。三龍女珠也云云。本迹観心三重宝珠也」（『大正蔵』七六、五四四頁b）と見える。
（39）『渓嵐拾葉集』巻一一「一義云、法花者全身舎利。諸経者砕身舎利也。一仏菩提者、全身舎利也。故金輪一字ト一体也」（『大正蔵』七六、五四四頁b）。
（40）『輪王灌頂口決私』（『陰陽道×密教』五六頁）。
（41）一果の宝珠は、『上口伝』でも「鉄塔流伝ノ大日髻中ノ珠」（『陰陽道×密教』五一頁）と言及されているので、『輪王灌頂口決私』と『上口伝』が塔と宝珠をめぐって共通の認識を有していたことが類推される。

(42)『輪王灌頂口決私』(『陰陽道×密教』五六～五七頁)。

(43)松本郁代「「公の秘説」としての即位灌頂」(『天皇の即位儀礼と神仏』前掲注28)。

第四章　『龍王講式』の式文世界

はじめに

中世寺院で催された法会や修法などの仏教儀礼は、仏菩薩への供養や祈願を目的とする宗教行為であると同時に、豊かな言辞や物語を生み出す場ともなり得るものであった。その一つである講式は、仏菩薩・経典・祖師・神祇などを讃歎する講会の式次第、あるいはそこで朗誦される式文のことをいう。講会の中心となる式文は、対句を施した優美な表白体で綴られており、経典や注疏をはじめとして、漢籍や要文集からの引用や説話叙述など、多分に文学的要素をはらんでいる。また声明や雅楽といった音楽や演劇的所作もともない、儀礼と芸能との相関性を示唆するものでもあった。

本章は、天野山金剛寺が所蔵する『龍王講式』を取り上げて、中世の真言宗寺院をめぐる学問や信仰の様態と、そのなかで育まれた儀礼テキストの特質を検討するものである。天野山金剛寺蔵『龍王講式』は、中世金剛寺の祈雨儀礼に際して作成・書写されたものであり、実際の儀礼の痕跡をうかがわせる。ここでは『龍王講式』の式文世界を詳らかにするために、本文の典拠となる経文や詞章を抽出し、経典・注疏・事相書・漢籍・説話伝承など諸領域の言説を組み合わせることで構成された式文の性格と、その背景にある鎌倉後期から南北朝期にわたる学僧たちの学問活動について考察したい。

一　天野山金剛寺蔵『龍王講式』における典籍利用

大阪府河内長野市の真言宗御室派・天野山金剛寺は、平安末期に鳥羽院皇女の八条女院の祈願所として庇護を受けた古刹で、南北朝期には南朝方天皇の行宮となったことでも知られる。『龍王講式』は金剛寺が所蔵する「金剛寺聖教」に含まれるものであり、管見の限り、他に類例のない本文を持つ。[1]

本奥書に「写本云、嘉元三年乙巳七月下旬於川（河）州金剛寺草之云々。私□（云）、当寺学頭阿闍梨忍実草也」とあって、嘉元三年（一三〇五）に金剛寺第九代学頭の聖俊房忍実（一二五〇〜一三二九）が草したものと伝える。巻末の書写奥書には「延慶三年庚戌六月廿三日、於金剛寺書写了」と見えており、延慶三年（一三一〇）に金剛寺で書写された由がうかがえるが、本資料自体は室町中期の写本と思しい。[2]奥書には続けて六月十八日から七月一日まで執り行われた「請雨」の儀礼のことが記され、本講式が祈雨儀礼を目的に生成されたことが知られる。[3]

『龍王講式』は五段式の体裁をとり、第一段は「大慈三昧ノ徳」、第二段は「如意満願ノ徳」、第三段は「人間有縁ノ徳」、第四段は「甘雨普潤ノ徳」、第五段は「廻向発願ノ徳」を讃えている。講式の趣旨を述べる表白部分によれば、世が澆季（末法）におよんで人心は乱れ、仏法は効験を失い、龍天の擁護もなく、旱魃が起きて池川の流水は尽きてしまった、そこで龍神の慈悲に頼んで三農の難月を祈りたいという。つまり本講式は、龍王を本尊として降雨と五穀豊穣を祈念するものであり、そのため東密の祈雨法である「請雨経法」や、その所依経典である『大雲輪請雨経』などの世界観が反映されたものとなっている。

それに加え、中世金剛寺教学の中心だった『釈摩訶衍論』とその注釈書、東密諸流が著した密教修法の次第書、中世に流布した空海伝と空海の著作、そして南都の貞慶が作成した講式や、漢籍、類書など、多彩な領域の言説が広く取り入れられており、鎌倉末期の金剛寺における学問と、金剛寺聖教の形成過程の一端が看取できる興味深い内容を有している。

はじめに、本講式における典籍利用の一例として、「大慈三昧ノ徳」を讃歎する第一段に焦点を当てたい。第一段は、本文の大半が『正法念処経』『大雲輪請雨経』『仏母大孔雀明王経』などの龍や祈雨に関する経文の引用で構成されている。

まず「正法念経」によれば、深海には龍の宮殿があって、龍王には法行・非法行の二種類の者がいる。難陀・跋難陀など法行の龍王は熱沙の苦しみが無く、三宝を信じて甘雨を降らせる。その一方で、非法行の龍王は常に熱苦にさらされていて、衆生が善法を行わないときには勢力を増し、五穀不成にして世間を壊すという。続く「請雨経」の取意文では、釈尊が龍王宮に赴いたとき、輪蓋龍王がどうすれば龍の諸苦を除き、瞻部州に甘雨を降らせて衆生に快楽を授けることができるのかと尋ねたところ、釈尊は「大慈」を行ずるよう説いたという。さらに「孔雀経」が典拠の本文では、慈悲心をおこして諸龍の名号を称念すれば諸毒を除くとされていて、以上のことから慈悲の心をもって龍を供養すれば、たちまちに甘雨が降ると結んでいる。つまり、ここでは「大慈」の行によって「三熱之苦患」という龍蛇特有の苦痛を滅除することで、龍がもたらす降雨を請い願うという儀礼の目的が、経典の引用という形で掲げられており、この大慈の行こそが諸龍の名号を唱え、念じることだと示されているのである。

ここで注意したいのが、『正法念処経』の引用文とされている部分である。『龍王講式』に見える引用文は、じつは『正法念処経』それ自体よりも、『孔雀経音義』という孔雀経の注釈書に掲載された要約文に近い[(4)]。また『龍王講式』と『孔雀経音義』では、非法行龍王の名が「悩乱龍王・奮迅龍王・黒色龍王・多声龍王」と漢名であるのに対し、『正法念処経』では「波羅摩梯龍王魏言悩乱・毘諶林婆龍王魏言奮迅・迦羅龍王魏言黒色・睺樓睺樓龍王魏言多声」と梵名で記されるなど、『龍王講式』が『孔雀経音義』によったと考えられる要素が散見されるのである。孔雀経は、「孔雀経法」という息災や祈雨の修法に用いられる経典であり、ここでその注釈が参照されたのも理解できる。このように、本講式には経典の引用や要約が多く、中世の学僧が経典と注疏を用いて講式を作文していたことが知られるのである。

次に、先徳の麗句を借用している例をあげたい。たとえば『龍王講式』の第二段には、以下のような対句表現が並ぶ。

釈提桓因ノ得ニタル於牙歯一ヲ、立テ塔婆於三十三天之雲ニ
難頭和龍ノ敬コト於仏髭一ヲ、磨クト水精於八万余里之月一ニ云々(5)

これは釈迦滅後の舎利の分配に関する逸話をもとにした叙述で、解脱房貞慶（一一五五〜一二一三）の『舎利講式』が典拠と考えられるものである。貞慶が著わしたこの詞章は、舎利の讃嘆にしばしば用いられる常套句だったようで、『龍王講式』のほかにも、金剛寺の講式類では『涅槃講式』や『秘密舎利式』（整理番号四三函九七番）などに同様の文言を見ることができる。当寺には貞慶の『弥勒講式』の写本も残されていて、『龍王講式』の第四段には『弥勒講式』と同じ『心地観経』の偈文が引かれるなど、中世金剛寺の儀礼テキストに貞慶の講式が取り入れられ、生かされていた様相がうかがい知られる。(6)

このように、『龍王講式』は経典や注疏、先徳の美文など、さまざまな典籍から間接的・直接的引用を行うことで、本尊の龍王と龍宮世界を荘厳し、祈雨のための儀礼空間を構築している。そこには中世の学侶たちによる知識と典籍の集積成果が凝縮されており、中世真言宗寺院をめぐる学問や知的交流のあり方が投影されている。(7)

二 『釈摩訶衍論』の龍と宝珠

中世金剛寺における学問の有様を明瞭に物語るのが、式文の第二段である。ここでは第二段の龍と如意宝珠をめぐる言辞が、『釈摩訶衍論』と、その注釈書の影響下に成り立つことを論じたい。

第二段は「如意満願ノ徳」を讃歎するために、龍が護る如意宝珠と、宝珠を中心に広がる海底の龍宮世界について語っている。東密において「如意宝珠＝舎利」は信仰の要ともなるものであり、各法流で如意宝珠をめぐる解釈や口伝、行法などが多彩に展開した。(8)『龍王講式』第二段では、宝珠について以下のように述べている。

第二讃如意満願ノ徳ヲ一者、大海龍宮殿ノ中ニ有如意宝蔵一。建テ、千重ノ門ヲ一、持護ス彼宝ラヲ一。所謂一如意宝珠ニ有リ多数一。或以金翅鳥王ノ心ヲ一、A名金主如意ト一。或以遮多梨鬼ノ心ヲ一、B号満主如意ト一。或在驪龍之頸ノ下ニ一、或ハ在九重ノ渕ノ底ニ一(9)

大海龍宮殿には如意宝蔵があり、千重の門を建てて彼の宝を持護しているという。「大海龍宮殿」は『釈摩訶衍論』（以下『釈論』）やその注釈書に見える呼称で、「千重ノ門」のくだりは『釈論』第一の「摩尼宝蔵雖レ備二無量万宝一而開二千重門一群龍所二了知一」[10]という衆生救済のための仏法の出現（「教法出現」）を説明する譬喩をもとにした叙述だと考えられる。また、如意宝珠は「多数」あって、金翅鳥王の心を「金主如意」（傍線A）、遮多梨鬼の心を「満主如意」（傍線B）と呼ぶとしている。この二種の宝珠のことも、『釈論』第二に見出すことができる。

四者名為二如意珠蔵一。此中有レ二。云何為レ二。一者金主如意。二者満主如意。（中略）如如契経中作二如レ是説一。仏告二金剛蔵菩薩一言、仏子譬如下金翅鳥王命終。然後其心入レ海為二如意珠一。能生二金沙一利中益龍王上。一心本法亦復如レ是。能生二真理一利二円満者一。故本性智契経中作二如レ是説一。譬如下遮多利鬼、為レ報レ恩故於二一万劫一、為二如意珠一利中益海生上[11]。

『釈論』では、如意珠に金主如意と満主如意があること、金翅鳥王の命が尽きた時に、その心が海に入って如意珠になること、遮多利鬼もまた如意珠となって海生を利益することが述べられている。こうしたことから、『龍王講式』はここで『釈論』の譬喩叙述を用いて本文を形成していることが理解されよう。

『釈論』は、大乗仏教の中心思想を説いた『大乗起信論』の注釈書で、南インドの龍樹（一五〇～二五〇頃）の作と伝えられる。古来、著者の真偽については諸説あるが、日本では空海が重視したために真言宗で盛んに研究され、多くの注釈書が著わされるに至った。中世金剛寺でも『釈論』は教学の中心を担っており、第五代学頭の阿鑁（一一九一～一二五六）が『釈論抄出』を、『龍王講式』の作者とされる忍実が『釈摩訶衍論眼精抄』といった注釈書を著わしたほか、多数の『釈論』関係写本が伝存している[12]。

『釈論』に登場する宝珠の話題も、それら注釈類で取り上げられた。たとえば、鎌倉後期に紀州根来寺で活躍した中性院頼瑜（一二二六〜一三〇四）の『釈摩訶衍論開解鈔』（以下『開解鈔』）や、同じく頼瑜が諸尊法を詳釈した『秘鈔問答』などに、二種の宝珠への言及を見ることができる。前掲『龍王講式』の本文も、以下の『秘鈔問答』第一三「駄都秘決」の（a）〜（d）と内容が重なる。

又云、案道理意一。（a）在二大海底龍宮宝蔵無数玉一。……（b）此玉従二宝蔵一通二海龍王肝頸下一。蔵与レ頸不断常住。……問。（c）観仏三昧経説二金翅鳥心一。釈論所引経遮多利鬼変為二如意珠一云云 如何。……（d）故釈論疏第一云、有教所説、金翅鳥心後成二此珠一。有教所説、遮多利鬼変為二此珠一。(13)

（a）（b）は空海仮託の『御遺告』を典拠とする本文で、続く（c）では『観仏三昧経』と『釈論』を、（d）では釈論注釈の『釈摩訶衍論疏』を引きながら、金翅鳥と遮多利鬼が変じる宝珠のことを論じている。(14) 頼瑜著作と『龍王講式』との具体的な影響関係は不明ながらも、両者が宝珠や『釈論』をめぐる類似の所説を載録していることがわかる。

さらに第四段にも、『釈論』に基づく龍の叙述が認められる。

第四讃甘雨普潤ノ徳一ヲ者、龍王ノ舌頭《サキニ》有微細ノ穴一。名曰気糸一ト。従此穴ノ中一出シテ密雲一ヲ、遍覆ヒ三千世界一ヲ、従其ノ頭頂一出シ澄水一ヲ、従其ノ尾末一生スト標嵐一ヲ云々(15)

龍王は舌先の「気糸」から密雲、頭頂から澄水、尾から標嵐を生み出して、甘雨を降らせるという。右の波線部は、

『釈論』第二の「無始契経中」の喩えとして見える「大海中有二大龍王一。名曰二出生風水一。従二其頭頂一出二生澄水一、従二其尾末一出二生標嵐一」[16]という本文によるものだが、ここで注目したいのが、傍線部の「気糸」をめぐる所説が釈論注釈によるものであって、『釈論』自体には見出せないという事実である。

唐代の注釈書で、空海も用いた可能性があるという聖法の『釈摩訶衍論記』には、次のように記されている。[17]

標多羅唱提此云二気糸一。即是龍糸。所レ謂龍王舌中有二一気糸一。甚極微細譬如二頭髪一。其量無レ差而能出下生摂中納満二十方中一種種密雲上。斯論大意亦復如レ是故。[18]

右の文章が、『龍王講式』の気糸の記述とほぼ重なることがわかるだろう。金剛寺には『釈摩訶衍論記』の中世写本が残されており、そこには当該本文も確認することができる。本資料は、表紙右上に「金剛寺御影堂」と書かれているため、正和四年（一三一五）に『撰定事業灌頂具足支分』十巻を御影堂に寄進した忍実に関係する資料かとも推測されるが、詳らかではない。[19]

そして、再び『龍王講式』と同時代の注釈類に目を向ければ、頼瑜の『開解鈔』にも「聖法記」（『釈摩訶衍論記』）を出典として、当該部分が引用されている。[20]『龍王講式』が『釈摩訶衍論記』を直接参照したか、『開解鈔』のような釈論注釈書類によっているかは容易に判じかねるものの、いずれにせよ「気糸」の記述は、本講式に釈論注釈の言説が用いられたことの証左であり、本章の第一節で指摘した『正法念処経』の引用態度にも通じる。

なお『開解鈔』を著わした頼瑜は、『龍王講式』が草された嘉元三年（一三〇五）の前年に没しているが、その著作は後年、金剛寺第一三代学頭の上乗房禅恵（一二八四～一三六四）によって精力的に書き写され、金剛寺教学を支える柱の一つとなった。禅恵は『大日経疏指心鈔』『大日経疏愚草』『釈論愚草』『開解鈔』など頼瑜教学の中心を担う注釈書や、『秘鈔』『薄双紙』『薄草子口決』といった事相書を金剛寺に伝えている。それら典籍の奥書からは、禅恵が根来寺を幾度も訪れていたこと、東大寺東南院で三宝院流を相承したことなどを読み取ることができる。(21)そのため鎌倉末期から南北朝期にかけて、禅恵によって金剛寺・根来寺・東大寺をつなぐ寺院間ネットワークが培われていたことが指摘されてきたが、『龍王講式』の例は、禅恵以前の金剛寺における学問的交流を解明するための手がかりともなろう。(22)

直接的な典拠関係は慎重に検証すべき問題ではあるが、本講式が『釈論』をめぐる鎌倉後期の注釈活動と連関しながら形作られたことは確かであり、これは講式のテキストが注釈書や次第書といった隣接領域を横断して編まれたことを端的に示す好例といえる。そこには中世の『釈論』研究をめぐる東密教学の広がりや、真言密教寺院間の学問的交流の痕跡が残されているのである。

三　請雨経法と龍宮世界

釈論注釈とともに着目したいのが、請雨経法である。次に、龍と祈雨をめぐる修法世界が『龍王講式』におよぼした影響について考察していきたい。

請雨経法は、『大雲輪請雨経』『大雲経祈雨壇法』『陀羅尼集経』などを所依とする密教修法で、天長元年（八二四）に空海が神泉苑で行ったという祈雨儀礼を濫觴として伝える。(23)平安期には神泉苑に仮屋を建てて修されており、仮屋には大壇・護摩壇・聖天壇・十二天壇の壇所が設けられた。大壇の中央には、請雨経をおさめた経箱と仏舎利を安置し、龍宮に在す釈尊・菩薩・龍王を描いた「懸曼荼羅」と、五龍王を描いた「敷曼荼羅」の二種類を用意する。仮屋南端の第一間には、空海の御影も懸けられたという。

守覚法親王（一一五〇～一二〇二）が東密小野流の諸尊法を集成した『秘鈔』の巻五「請雨経法」では、修法で用いられる宝珠と龍の関係が、次のように示されている。

釈迦即成二如意宝珠一。起二雲雨於四方一、普潤二世界一、利二益水陸之情非情一。龍王依二此宝珠一増二威光一、降レ雨。其宝珠依二大龍果報一施二力用一降云云。供二舎利一時、同作二此観一。遣告意也。大壇中心舎利納レ箱安二置之一。(24)

大壇の中心に安置される舎利は、如意宝珠と同一視されるものであり、雨を降らせる龍王の力の源であると同時に、請雨経法で供される呪具であった。(25)『龍王講式』第二段によると、龍宮には三弁宝珠を安置する五柱の宝楼閣があり、東南西北の門をそれぞれ龍王が守護しているという。以下、第二段の本文を、便宜上（A）（B）（C）に分けて掲載する。

（A）凡大海龍宮殿中有リ五柱ノ宝楼閣一。々々ノ内ニ有リ如意宝台一。々ノ上ニ安ス三反《弁》宝珠一ヲ。東門ニハ難陀・跋難陀ノ二龍、南門ニハ娑迦羅・和修吉二龍、西門ニハ徳叉迦・阿那婆達多ノ二龍、北門ニハ摩那斯・優鉢羅ノ二龍、持護ス之ヲ一。［是表八葉ノ九尊ヲ一也］

（B）又東門ニハ三頭龍、南門ニハ五頭龍、西門ニハ七頭龍、北門ニハ九頭龍。（C）面々而出現舌威一ヲ、各々守護ス之一ヲ。于時一此玉被テ催龍神之威福一ニ、雨七珍万宝一ヲ、満足スト自他之衆願一ヲ云々。［是擬五智ノ如来ニ一也］(26)

ここで龍宮世界は、楼閣が担う縦方向への垂直的な広がりと、東南西北の四方があらわす横方向への水平的な広がりを持つ世界として立体的に創出される。そしてその中心には、宝台に安置された三弁宝珠が存在するという。(27)この『龍王講式』(A)〜(C)の記述は、請雨経法の敷曼荼羅や、その典拠となる経典、そして『釈論』に関わっている。

まず(A)では、東南西北の門を、難陀・跋難陀をはじめとする八大龍王が二龍ずつ守護するという。『龍王講式』はこれを「八葉ノ九尊」と称しているので、八大龍王に守られる龍宮世界は、胎蔵界としてあらわされていることが理解される。八大龍王の登場は「八葉」に配するためだと考えられるが、本講式に『法華経』を典拠とする偈文や叙述が多いこととも無関係ではなかろう。八大龍王は、『法華経』守護の龍王たちだからである。(28)

さらに(B)のように、東南西北にそれぞれ三頭・五頭・七頭・九頭の龍が配置される場面は、『陀羅尼集経』『大雲経祈雨壇法』などを所依とする、請雨経法の「敷曼荼羅」を想起させる(29)(図3参照)。(A)(B)では東南西北の四方を「門」を使って示しているが、これも『陀羅尼集経』に見える表現である。(30)『秘鈔問答』では請雨経法の敷曼荼羅について、諸説を併記しながら次のように述べている(二重線部)。

問。曼荼羅図絵事何。答。作法如二次第記一レ之。(中略)金宝云、曼荼羅図相二種也。謂大曼荼羅敷曼荼羅也。龍宝之中画二釈迦・観自在薩埵・輪蓋・難陀等一為二大画。五大龍王為レ敷。一頭龍頭一尺。三頭龍三尺。五頭五尺。七頭龍七尺。九頭龍九尺。是五類龍王也云云。(中略)集経十一云、其壇界畔作二一重一、而開二四門一。壇之東門将以二泥土一作二一龍王身一。……一身三首。……次於二南門一又以二泥土一作二一龍王一。……一身五首。……

図３「請雨経曼荼羅」

次於二四門（西）一又以二泥土一作二一龍王身一。……一身一（七）首。……次於二北門一又以二泥土一作二一龍王身一。……一身九首。……次壇中心又以二泥土一作二一龍身一。……一身一首。龍頭向レ東文（中略）私云、懸曼荼羅中尊釈迦。左金剛手。右観音。前右龍王輪蓋。右辺二龍難陀・拔難陀院也。仏前僧形須菩提也。敷曼茶羅五方龍王五大龍王歟。[31]

ここで頼瑜は「金宝」などの事相書と「集経」といった経典の説を掲げた後に、「私云」として敷曼荼羅に描かれる五方の五龍は「五大龍王」かと結んでいる。[32]なお『陀羅尼集経』では「壇中心」の龍にも触れているが、これは『龍王講式』において宝珠と重ねられていると推測されよう。

さらに『龍王講式』では、（C）の末尾で多頭龍たちを「五智ノ如来」と解釈していることから、この世界を金剛界と見なしていることがわかる。かくして八大龍王が護る（A）の胎蔵界と、五龍王が護る（B）の金剛界が並立し、龍王の集う大海の龍宮は、胎金両部の曼荼羅として成立するのである。

このように『龍王講式』は請雨経法の言説を反映しているが、留意したいのが、それが即座に請雨経法の実修と結びつくわけではないということである。『龍王講式』が書写された延慶三年の請雨において、理趣経・尊勝陀羅尼の読誦や管絃講といった祈雨のための儀礼が催されたことは奥書から看取できるものの、現時点で請雨経法自体が実施された記録を確認することはできない。祈雨儀礼には読経や修法などさまざまな方法があったが、請雨経法は元来、神泉苑で行われる大がかりな「大法」であり、道具の調達も容易ではなかったという[33]。それゆえ講式の言説と、請雨経法の実修との関係性は慎重に考えていくべきであろう。

さて、(C)の本文では、再び『釈論』の表現が踏まえられている。

雖下眼耳中見二聞宝雨之妙術一、思心中解中知無尽之円徳上、而出二現舌威一不下競入レ門開一、通往向一不レ近二隔檀一。
得中如意宝蔵上無レ由レ蹬二台宮一[34]。

(C)で用いられた「舌威」は、『釈論』や『開解鈔』に見られる語句であり、本講式が『釈論』とその注釈の影響下で成立したことが再認識される。講式の作者が『釈論』に通じていた事実は、中世金剛寺で『釈論』が教学の中心となっていたこと、また作者とされる忍実が『釈論』の注釈書を著わしていたこととも矛盾しない。

以上のように『龍王講式』では、東密諸流が尊崇する舎利＝如意宝珠を中心に、『釈論』と注釈に基づく龍王の叙述や、請雨経法と請雨経曼荼羅といった種々のイメージを重ねながら、対句的修辞によって式文を綴り、祈雨のための聖なる儀礼空間を荘厳している。これは作者の広い学識とともに、『龍王講式』が文学的表現と密教教学、そして祈雨儀礼とを繋ぐように存在していることを示すものといえよう。

四　神泉苑の石座と「最極秘事」

請雨経法に関連して、もう一点指摘しておきたい。『龍王講式』の第四段では空海の祈雨伝承が語られるが、この叙述にも東密の口伝が取り入れられている。

東密の祈雨儀礼において、龍や宝珠とともに讃えられるべき重要な存在が、祖師の空海である。これは天長元年（八二四）に、空海が神泉苑で請雨経法を修し、その際に「善如龍王」があらわれて雨を降らせたという故事に由来する。現在では、この祈雨伝承は史実ではないとされているが、『御遺告』『大師御行状集記』『今昔物語集』『弘法大師伝絵巻』など、多くの空海伝に認められる伝説である。『龍王講式』第四段には、次のようにある。

去天長元年歳次甲辰、天下亢《カウ》旱シテ草木枯折《セッス》。大師依　勅ニ一修玉フ《シ給シカハ》請雨ノ法一ヲ、修因以テ嫉妬心一ヲ、呪シテ海中ノ龍一ヲ、籠メテ二水瓶《ツ》内《メノウチニ》一、封シテ口一ヲ不出一。大師遥ニ請シテ无熱悩池ノ善如龍王一ヲ、令ム来ラ日域平ノ京一ニ。金色ノ八寸ノ小龍、乗シテ九尺ノ大蛇ノ頂一ニ、而現ス下神泉苑ノ池ノ内チ石《シャク》座ノ之上一ニ。于茲慈雲遍覆ヒ一天一ニ、甘雨忽ニ激《ミナギル》四海一ニ。爾時帝皇献シ幣帛一ヲ、門葉備フ法味一ヲ。真言遍法之厳《イツクシキコト》、始マル従此ノ時一。(35)

天長元年の旱魃の際、勅が下された大師は「請雨ノ法」を修した。これに「修因」が嫉妬して海中の龍を水瓶に封じてしまったため、大師は無熱悩池より善如龍王を請じた。善如龍王は金色の八寸の小龍の姿で、九尺の大蛇の頭上に乗り、神泉苑の池の中の石座の上に示現した。するとたちまち雲が天を覆い、四海に甘雨がみなぎった。真言宗の繁栄は、このときよりはじまるという。

『龍王講式』の本文にもあるように、中世には神泉苑における空海の祈雨が真言宗隆盛の発端として認識されており、この伝承も単なる祈雨成功譚を超えた意味を持っていた[36]。修因（守敏、修敏とも）の妨害を受ける物語の筋は『大師御行状集記』（一〇八九年成立）などと同様だが、善如龍王が神泉苑の「石座之上」に現れたとする描写は、他の空海伝には見られない。各伝では「従池中現形」（『御遺告』）とだけ表記されているのである。

この『龍王講式』の石座の記述にも、請雨経法の秘説が投影されていると考えられる。たとえば、勧修寺流の諸尊法を集めた実運（一一〇五～一一六〇）の『秘蔵金宝鈔』、同じく勧修寺流の口伝・折紙を集成した寛信（一〇四八～一一五三）の『伝受集』、また保寿院流永厳の伝授に基づく『沢鈔』、そして『秘鈔問答』といった東密諸流の事相書では、善如龍王が池の中の石に示現したと明言しているのである。

> 東門修㆓五龍供㆒。北井供物料。西北井阿伽料。池艮方池底入有㆑石。件石龍現仍其石云云。[37]（『秘蔵金宝鈔』）

> 又私造龍王之形其体如遺告用茅供養種種妙供放池中。即大師御時龍王出現処也但当東門有池中石上也。[38]（『沢鈔』）

> 問。龍供作法并在処如何。……〈私云、更有㆓龍穴㆒。最極秘事也在㆓于口伝㆒……朱付云、龍王出現所当㆓東門池中有㆑石之処㆒。〉遺告池中現云云。[39]（『秘鈔問答』）

これらは請雨経法で龍を供養する「龍供」の作法からの抜粋だが、ここでは龍王が出現した場所を「艮方池底」「東門池中」などの石上としている。『御遺告』をはじめ、空海伝で語られなかった池の石は、やがて『秘鈔問答』に記されるように、神泉苑と龍宮とを繋ぐ「最極秘事」の「龍穴」と結びついて展開していくのである[40]。『龍王講式』

の「石座」は、本講式の空海祈雨伝承が、中世の説話集や空海伝、絵巻、あるいは諸流の伝授の場など、さまざまな媒体と場で語られた空海の伝説に、請雨経法の秘説が取り入れられて形成されたことを示している。それはまた『龍王講式』の作者が東密の秘説伝授の場や、そこで伝えられる口伝・折紙・切紙などに接する立場であったことも物語っていよう。

なお、『龍王講式』には、空海『秘蔵宝鑰』からの引用も多い。祖師の文章の引用は、祖師に対する信仰の表現にほかならず、またその宗教的な営みを追体験することにも繋がる。それと同時に自宗繁栄の礎を築いたという点において空海の祈雨は特別なものであり、その文章を散りばめることで、祈雨の成功を企図していると考えられるのである。

おわりに

最後に、『龍王講式』の作者とされる金剛寺第九代学頭の忍実について触れておきたい。本講式は嘉元三年(一三〇五)に、忍実によって草されたと伝える。

忍実は西大寺叡尊の甥とされる人物で、先述のとおり『釈論』の注釈書である『釈摩訶衍論眼精抄』を著わしている。また金剛寺聖教の奥書に名が見える初めての学頭でもあり、『瑜伽師地論』や『胎蔵界念誦次第』『駄都行法次第』等を書写したこと、安然の『撰定事業灌頂具足支分』を金剛寺御影堂に寄進したことなどが知られている。[41]

このほか、仁和寺蔵の金剛寺文書に含まれる正和三年(一三一四)「学頭忍実金剛寺証文拾遺目録写[42]」では対句表現を用いた文章が冒頭に掲げられており、同じく金剛寺文書の文保元年（一三一七）「金剛寺学頭忍実置文案」(43)では『梵網経』とその注釈を引用して本文を成している。こうした現存資料からは、忍実が『釈論』をはじめとして唯識、密教修法、伝法灌頂、台密などの幅広い典籍に通じていたこと、対句的修辞を用いて文章を編むことに長けた人物だったことがうかがえるのである。

時代は下るが、享保一四年（一七二九）に編纂された『河州錦部郡天野山金剛寺古記写』には、忍実が金剛寺の塔尾で鉄塔を感得したこと、弘法大師「同前」という霊託があったことなどが見えており、広範な知識を持つ忍実が金剛寺の伝説的人物として語り継がれていったことが推察される。(44)今後、忍実著作を検討することで、鎌倉後期の金剛寺を取り巻く学問環境が、より明確になると考えられる。

以上、『龍王講式』を分析し、本講式がさまざまな領域の言説を複合的に取り入れながら成立したことを論じてきた。『釈論』に基づく叙述の多さは、中世の金剛寺教学の柱に『釈論』があったこととも符合している。また、その注釈類と重なる内容も散見されることから、本講式は鎌倉期から南北朝期にかけての『釈論』をめぐる学問活動と連動して生まれたものと位置づけることができよう。

そして、請雨経法の思想・言説・世界観も反映されている。それがそのまま請雨経法の実修を意味するわけではないものの、『龍王講式』は請雨経法の所依となる『大雲輪請雨経』『陀羅尼集経』などの文言を用いながら、空海祈雨伝承をめぐる秘事口伝を載録しつつ、龍王や如意宝珠を称揚する儀礼テキストを形成しているのである。

なお、『龍王講式』の本奥書と書写奥書の間には、「請雨経五十三仏名」と称して、『大雲輪請雨経』に見える五十三仏の名が書き連ねられている。仏名の後には、「若能受持称名礼敬者ハ、一切諸龍所有ノ苦難、皆悉ク解脱ス」と『大雲輪請雨経』の一説が引かれており、実際に祈雨儀礼のなかで五十三仏の名が朗唱されたことが想像される。これは第一段で掲げられていた龍の諸苦を取り除くための称名＝慈悲の行を想起させるものでもあり、『龍王講式』と儀礼の実修とが結びついていたことをうかがわせる。(45)このように中世金剛寺の祈雨儀礼のなかで生まれた『龍王講式』には、中世の真言宗寺院における学問や、儀礼の有様が照射されているのである。

注

（1）金剛寺には一万点におよぶ資料類が伝存しており、近年の研究成果の一部は、後藤昭雄監修『天野山金剛寺善本叢刊』第一期・第二期（勉誠出版、二〇一七年、二〇一八年）として刊行されている。本稿で引用する『龍王講式』本文は、第二期第三巻「儀礼・音楽」（中原香苗・米田真理子編）収載の影印と翻刻による。句読点等は適宜、私に付した。

（2）『天野山金剛寺善本叢刊』第二期第三巻の近本謙介氏による「金剛寺蔵講式類」解題参照。

（3）奥書には、このときの請雨で理趣経と尊勝陀羅尼の読誦や管絃講が行われたこと、一三日間にわたる祈祷の結果、七月一日の夕方から「大洪水」のような雨が降ったことなどが記載されている。金剛寺には『龍王講式』のほかにも、水分明神を称揚する『水分講式』（一三九一年写）や、『神泉薗事』と題する説草断簡（室町時代中期写）などが存しており、祈雨や水神の信仰も想像される。近本謙介「金剛寺蔵講式類」解題（前掲注2）参照。

（4）『孔雀経音義』中巻（『大正蔵』六一、七九三頁c）。

（5）『龍王講式』（『天野山金剛寺善本叢刊』四三六頁）。

（6）『涅槃講式』『弥勒講式』は、『天野山金剛寺善本叢刊』第二期第三巻（前掲注1）に収載。

（7）説話文学会の二〇一八年四月例会で「寺院における学問と唱導――天野山金剛寺聖教を基点として」と題し、箕浦尚美氏、仁木夏実氏、中川真弓氏による報告が行われた。そこで『能生諸仏経釈』『明句肝要』『無名仏教摘句抄』などの具体的な経釈や要文集の検討から、唱導における漢詩句や要文利用が論じられた。講式を含むテキストにも、こうした資料が用いられた可能性が高いと考えられる。『説話文学研究』五四（二〇一九年九月）、『天野山金剛寺善本叢刊』（前掲注1）参照。

（8）如意宝珠に関しては、阿部泰郎「宝珠と王権――中世王権と密教儀礼」（『岩波講座 東洋思想16 日本思想2』岩波書店、一九八九年）、田中貴子『外法と愛法の中世』（平凡社、二〇〇六年）、上川通夫「如意宝珠法の成立」（『日本中世仏教史料論』吉川弘文館、二〇〇八年）、伊藤聡『中世天照大神信仰の研究』（法蔵館、二〇一一年）、藤巻和宏『聖なる珠の物語――空海・聖地・如意宝珠』（平凡社、二〇一七年）ほか、多数の論考がある。金剛寺には舎利施入の記録が残り、いまも多くの舎利講式が伝えられる。建暦元年（一二一一）の「金剛寺住僧等謹請条々起請事」からは、鎌倉初期に金剛寺で二・五・八・一一月の一五日に「四季舎利講」が修されていたことがうかがえる（『大日本古文書』家わけ第七、五五八〜五六〇頁）。金剛寺の舎利関係資料は、赤塚祐道「中世における舎利信仰の一考察――『秘密舎利式』と『道場観大師法最秘』をめぐって」（『密教学研究』四二、二〇一〇年三月）で言及されている。

（9）『龍王講式』（『天野山金剛寺善本叢刊』四三六頁）。

（10）『釈摩訶衍論』第一（『大正蔵』三二、五九七頁b）。

（11）『釈摩訶衍論』第二（『大正蔵』三二、六〇三頁b・c）。

（12）赤塚裕道「学頭の書写活動から見た金剛寺教学の変遷」（『真言密教寺院に伝わる典籍の学際的調査・研究――金剛寺本を中心に』科学研究費基礎研究（B）19320037 研究成果報告書、二〇〇九年三月）参照。

（13）『秘鈔問答』第一三（『大正蔵』七九、五一三頁b・c）。

（14）（d）は『開解鈔』にも見える本文である（『日本大蔵経』四四、一四七頁）。

（15）『龍王講式』（『天野山金剛寺善本叢刊』四三八頁）。

（16）『釈摩訶衍論』第二（『大正蔵』三二、六〇三頁b）。忍実の『釈摩訶衍論眼精抄』にも龍王に関する言及があり、そこで「標嵐」や「遮多梨鬼」が取り上げられている。ほかにも近い時代のものでは、東寺学頭の頼宝（一二七九〜一三三〇）の『釈摩訶衍論勘注』に類似の記事が確認される（『大正蔵』六九、六四四頁b・c）。

（17）『仏書解説大辞典』「釈摩訶衍論記」項目（大東出版社、一九八八年）参照。

（18）『釈摩訶衍論記』（新纂『大日本続蔵経』四五、七八一頁b・c）。

（19）本書は外題に「聖法記」、内題に「摩訶衍釈論記一巻」とあって、巻末には建長五年（一二五三）の賢念による加点奥書が残されている（整理番号二八函九番）。後藤昭雄編『金剛寺経蔵聖教目録』第2分冊（科学研究費基礎研究（B）23320054 研究成果報告書、二〇一五年三月）参照。なお、目録には本書の外題が「聖宝記」と記入されているが、正しくは「聖法記」。

(20)『釈摩訶衍論開解鈔』巻一(『日本大蔵経』四四、一〇八頁)。前掲注16の頼宝『釈摩訶衍論勘注』にも気糸の記述が見出せる(『大正蔵』六九、六二八頁a)。『龍王講式』で気糸は舌頭の穴とされているため、龍糸とする『釈摩訶衍論記』とは若干異なるものの、『龍王講式』の当該本文の裏書には「龍王舌中有一ノ気糸。甚深微細、猶如頭髪」とあって、こちらはより『釈摩訶衍論記』の本文に近い。裏書がいつの段階で加えられたかは検討を要するが、これも本書を出典とする文言であろう。

(21) 赤塚祐道「根来寺中性院頼瑜と天野山金剛寺禅恵をつなぐもの――事教二相の流伝」(『根来寺文化研究所紀要』一、二〇〇四年一一月)、同「金剛寺聖教――上乗房禅恵の書写活動」(『金剛寺一切経の総合的研究と金剛寺聖教の基礎的研究』科学研究費基礎研究(A)15202002研究成果報告書、二〇〇七年三月)参照。

(22) 小林直樹氏は前掲注7の報告をうけ、シンポジウムで紹介された一二、三世紀の金剛寺聖教には、律書や禅籍、天台系典籍、南宋の新しい典籍など幅広い教学が背景にあり、「一四世紀の禅恵の時代に焦点が当てられることが多かった金剛寺にあって、それ以前の時代における同寺の僧の学問や他寺の僧とのネットワークの存在をうかがわせる」と指摘している。小林直樹「パネリストの報告を承けて――資料典拠の問題を中心に」(『説話文学研究』五四、二〇一九年九月)。

(23) 東密の祈雨儀礼は、スティーブン・トレンソン『祈雨・宝珠・龍――中世真言密教の深層』(京都大学学術出版会、二〇一六年)、藪元晶『雨乞儀礼の成立と展開』(岩田書院、二〇〇二年)など参照。

(24)『秘鈔』巻五(『大正蔵』七八、五〇六頁b)。

(25)『秘鈔問答』でも、請雨経法の壇の中央に舎利を置くのは龍王が深く仏舎利に帰敬しているからで、舎利には「甘雨普潤之徳」があると説いている(『大正蔵』七九、三九〇頁a)。舎利と祈雨をめぐっては、他にも『日本後紀』逸文の天長四年(八二七)五月に、空海が内裏で仏舎利を用いた祈雨を行い、その後の降雨を「舎利霊験」と評した記事などがある(『国史大系』五「日本記略」四五六頁)。

(26)『龍王講式』(『天野山金剛寺善本叢刊』四三六、四三七頁)。

(27)『秘鈔』によると、請雨経法の道場観(本尊の道場を建立するための観想)では、宮殿楼閣や蓮花座、種字、釈迦如来、観音・金剛手菩薩、輪蓋・難陀・跋難陀龍王、そしてそれを囲繞する諸菩薩や眷属たちをイメージするという(『大正蔵』七八、五〇六頁a)。この道場観は「懸曼荼羅」の図柄と重なり、『龍王講式』の龍宮世界とも通底している。

(28)『伝受集』や『秘蔵金宝鈔』によると、請雨経法で立てる八本の青色の幡には、八大龍王の名を梵字で書くという。『秘鈔問答』にも、祈雨の際には輪蓋龍王や五大龍王とともに八大龍王へ祈請する由が見える。また仁和寺に残る「神泉御読経導師次第〈開白〉」(『守覚法親王の儀礼世界』勉誠出版、一九九五年)では、神泉苑で行われる孔雀経御読経の表白に八大龍王の名があげられるなど、八大龍王も祈雨と結びついている。

(29)掲載の図は、醍醐寺蔵『四家鈔図像』より「請雨経曼荼羅」(『大正蔵図像』三、八四九頁)。

(30)『陀羅尼集経』一一「祈雨法壇」(『大正蔵』一八、八八〇頁b・c)。

(31)『秘鈔問答』第六(『大正蔵』七九、三九三頁a・b)。

(32)敷曼荼羅には九体の龍が見えるが、スティーブン・トレンソン氏によると、これは本来、懸曼荼羅に描かれるはずの四龍が、五龍(中央と東南西北)の間に配されたものという。『祈雨・宝珠・龍』第二部第一章(前掲注23)参照。

(33)スティーブン・トレンソン『祈雨・宝珠・龍』第一部第六章(前掲注23)参照。

(34)『釈摩訶衍論』第一(『大正蔵』三二、五九七頁b)。

(35)『龍王講式』(『天野山金剛寺善本叢刊』四三九頁)。

(36)スティーブン・トレンソン『祈雨・宝珠・龍』第一部第二章(前掲注23)参照。また、聖賢『祈雨日記』や勝賢『雨言雑秘記』には、成尊へ請雨経法の勤修を要請する際に「爰真言最上乗之中、有祈雨秘法也。祖師修之留利生於後代。(中略)於神泉苑可被勤修祈雨法者。綸旨如此。全莫辞退。可悉之」(『続群書類従』二五下、二三一頁)と、請雨経法は祖師空海の修法であり、辞退することがないよう伝える記事が見える。

(37)『秘蔵金宝鈔』六(『大正蔵』七八、三六二頁a)。

(38)『沢鈔』第三(『大正蔵』七八、四三二頁a)。

(39)『秘鈔問答』第六(『大正蔵』七九、三九六頁b)。

(40)龍穴をめぐる秘説は、藤巻和宏「初瀬の龍穴と〈如意宝珠〉――長谷寺縁起の展開・「宀一山」をめぐる言説群との交差」(『国文学研究』一三〇、二〇〇〇年三月)参照。

(41)赤塚裕道「学頭の書写活動から見た金剛寺教学の変遷」(前掲注12)参照。

(42)「金剛寺文書 拾遺」(『大日本古文書』家わけ第七、五七七、五七八頁)。

(43)「金剛寺文書」(『大日本古文書』家わけ第七、一八二〜一八四頁)。

(44)『河州錦部郡天野山金剛寺古記写』(『続々群書類従』三、五八五頁)。

(45)金剛寺には、近世の模写と思しき戦国期の境内図が残されており、そこには中央伽藍のそばに、三棟の小社と、鳥居の立つ池が描かれている。延宝七年(一六七九)刊の『河内鑑名所記』によれば、三社は天照太神、弁才天、善女龍王という。いまでも同じ場所に元禄一三年(一七五〇)造営の小社が存し、天照太神、弁才天、八大龍王・善女龍王を祀る。池の名は『河内鑑名所記』に見えないが、現在では「龍王池」と称している。池や社がいつ頃から存在していたかは未詳だが、あるいは祈雨儀礼とも何らかの関係があった可能性がある。

結語

本著では、『神道集』および『辰菩薩口伝』『龍王講式』等の儀礼関連資料を中心に、中世宗教文芸の諸相と、その思想的基盤となる信仰や学問体系、成立環境について考察してきた。

中世の仏教儀礼は、供養や祈願のための宗教行為であると同時に、豊かな言説群を生み出す土壌となるものである(1)。第Ⅰ部で取り上げた『神道集』も、表白や因縁に通じる美文調の和漢混淆文によって神々の由来譚や本地説が綴られる一方で、本地垂迹説を基調とした中世神道説が数多く収載されている。そのため、本書は儀礼の言説から生じた文芸と、それを論理的に支えた思想との相関性を探る上で、重要な資料として位置づけられるのである。

このことを前提に、第Ⅰ部では『神道集』の本文に仏事法会の場で用いられる表白や願文に類する修辞が見られることを、各章の本地仏讃歎文などの事例から指摘し、さらにこれらの詞章が儀礼における読誦を前提とする形態であることにも言及した。

続けて、『神道集』を支える中世神道説や仏教教理を分析した。『神道集』は五〇編の章段のうち、約半数で中世神道説や仏教教理が説かれている。しかしながら、これまでは御伽草子に連なる物語縁起集として、説話・物語研究の文脈で言及されることが多く、思想面の検討は十分ではなかった。そこで、近年の文学から思想史にわたる研究成果を踏まえ、『神道集』の神道説や仏教教理をはじめとする諸要素について考察し、本書の重層的な特性および思想基盤を明かすことを目指した。

その過程のなかで、『神道集』に見られる中世的な神祇観を明らかにし、さらに『神道集』が成立したとされる鎌倉後期から南北朝期頃の社会的背景へと言及した。また、東国に関係する諸注釈との共通言説が含まれていることから、『神道集』の地域性にも触れた。そして、それぞれの章段が、諏訪、白山、鹿嶋、春日などの神祇信仰を受容し、中世の社会状況や学問活動といった諸要素と結びついて形成されていることを論じた。

なお、『神道集』の題名にある「神道」は、現代において想起される宗教としての「神道」ではなく、神々にまつわる事柄を指し示す言葉である。したがって、本書は「神々に関する所説を類聚した書」ということになろう。伊藤聡氏によれば、蓄積された情報を類聚し体系化しようとする指向は、院政期以降、宗教・文芸などの各分野で見られる現象だが、遅れてあらわれた神道説の場合、鎌倉後期から南北朝期に至って顕著になるという(2)。『神道集』は、仏の垂迹としての神の物語を広汎に収載した最初のものだが、本書もそうした時代的潮流のなかで、「垂迹」という仏のあらわれ方の一バリエーションとしての「神道」を、仏者の手によって類聚したものだったと考えられるのである。

そして第Ⅱ部では、称名寺聖教『辰菩薩口伝』『辰菩薩口伝上口決』等の吒枳尼天関連資料と、天野山金剛寺が所蔵する『龍王講式』等の儀礼に関わる文献資料を取り上げた。一定の編纂意識をもって整理・類聚された『神道集』は、儀礼の「場」そのものとは距離が生じる。これに対し、吒枳尼天の秘説を記した口伝・次第類や、祈雨儀礼の痕跡をとどめる『龍王講式』は、より直接的に儀礼の「場」に関与する資料である。そのため、文学的要素の検討とともに、仏教教理と儀礼空間への理解が求められる。

第Ⅱ部の冒頭では、かかる儀礼資料類と『神道集』とを繋ぐものとして、『神道集』の「稲荷大明神事」について論じた。「稲荷大明神事」は、吒枳尼法にまつわる言説を基盤として成立しているからである。

これに続けて、密教の行法や即位灌頂などの儀礼と深く関わる吒枳尼天の信仰世界を探るため、吒枳尼天に関する口伝を記した称名寺聖教『辰菩薩口伝』『辰菩薩口伝上口決』の内容分析を行った。その結果、両書が中世の仮託文献や日本撰述経典と通底する内容であることを指摘し、イメージの連鎖によって展開していく言説世界の様相から、中世的な秘説形成の過程を追った。『法華経』と密教の一致を媒介する吒枳尼天をめぐる言説は、吒枳尼法から即位灌頂に至る中世儀礼の一端を担っていたのである。

また、『龍王講式』は龍王を本尊とした祈雨儀礼の式次第であり、声明とともに読誦された式文を記すものである。本資料は、一四世紀に実修された祈雨儀礼の際に書写されたものの写しと思しく、儀礼にともなうテキストの成立事情を知ることができる。『龍王講式』の式文も仏教教理に基づきながら、物語叙述を交えた対句表現で綴られており、経文をはじめとして、漢籍、伝承、注釈などの諸要素が組み込まれている。本文を分析した結果、本講式が東密の修法である「請雨経法」の思想や、中世金剛寺教学の中心であった『釈摩訶衍論』を踏まえて叙述されていること、諸尊法の口決を類従した頼瑜『秘鈔問答』等と同様の言説を有すること、さらに祖師である空海の祈雨伝承を取り入れて形成されていることが明らかになった。如上の成果は、儀礼を支えた真言宗寺院の学問体系の解明にも繋がるだろう。

このように、仏教儀礼の文字テキストは、仏教教理はもちろんのこと、説話、物語、漢籍、注釈などを横断しながら形作られ、宗教と文学とが融和した中世期文学の特徴を顕著に示している。儀礼のテキストが持つ特質と、それを育んだ学問的基盤を抽出することで、宗教言説と文学との相関性を明確にし、宗教文芸を取り巻く成立環境を知ることができる。分野間の垣根を乗り越え総体的な視点でとらえることで、宗教言説と文芸との交渉のありさま、そしてその土壌となった儀礼空間が明らかになっていくと考えられるのである。

注

（1）小峯和明『中世法会文芸論』（笠間書院、二〇〇九年）、阿部泰郎『日本中世の宗教テクスト体系』（名古屋大学出版会、二〇一三年）、近本謙介編『ことば・ほとけ・図像の交響――法会・儀礼とアーカイヴ』（勉誠出版、二〇二二年）など参照。

（2）伊藤聡「中世における神道説の類聚」（『神道の形成と中世神話』吉川弘文館、二〇一六年）。

初出一覧

序章　新稿

第Ⅰ部　『神道集』の言説と思想

第一章　『神道集』研究史
新稿（博士学位請求論文の「序章」を改稿）

第二章　『神道集』の本文表現と仏教儀礼
『説話文学研究』第四六号、説話文学会、二〇一一年七月
（原題）「『神道集』と法会言説——本地説における表現形式の検討から——」

第三章　『神道集』の神祇観と実者
『北海学園大学人文論集』第七二号、北海学園大学人文学部、二〇二二年三月
（原題）「『神道集』の神祇観と実者」

第四章　『神道集』「諏方縁起」の女神と禁忌
『学習院大学国語国文学会誌』第四八号、学習院大学国語国文学会、二〇〇五年三月
（原題）「『神道集』の夫婦と「荒膚」」

第五章　『神道集』「白山権現事」の王子たち
伊藤聡編『中世文学と隣接諸学3　中世神話と神祇・神道世界』竹林舎、二〇一一年四月
（原題）「『神道集』の世界――白山権現の王子たちをめぐって――」

第六章　『神道集』の「鹿嶋縁起」と注釈
小峯和明監修・原克昭編『日本文学の展望を拓く3　宗教文芸の言説と環境』笠間書院、二〇一七年一一月
（原題）「『神道集』の「鹿嶋縁起」に関する一考察

第Ⅱ部　真言宗寺院の文芸と儀礼

第一章　『神道集』の辰狐王菩薩曼荼羅
『人文』一三号、学習院大学人文科学研究所、二〇一五年三月
（原題）「『神道集』巻三「稲荷大明神事」における表現をめぐって――ダキニ天信仰の受容を中心に――」

第二章　『辰菩薩口伝』と中世仮託文献

『北海学園大学人文論集』第六六号、北海学園大学人文学部、二〇一九年三月
（原題）「称名寺聖教『辰菩薩口伝』について――中世ダキニ天信仰の一側面――」

第三章　『辰菩薩口伝上口決』の法華曼荼羅
『人文』一九号、学習院大学人文科学研究所、二〇二一年三月
（原題）「吒枳尼天と『法華経』をめぐる儀礼の言説――称名寺聖教の吒枳尼天資料を手がかりに――」

第四章　『龍王講式』の式文世界
『人文』一八号、学習院大学人文科学研究所、二〇二〇年三月
（原題）「金剛寺蔵『龍王講式』の式文世界――釈論注釈と祈雨儀礼をめぐって――」

結語　新稿

※既発表論文は収録に際して、いずれも大幅に加筆・訂正を行っている。また、重複部分は極力削ったが、各章の理解のために煩を厭わず残したところがある。

あとがき

札幌で暮らして幾年かが経った。北の地の空気は慣れ親しんだ関東とは大きくちがい、冷涼で乾燥している。気候がちがえば、そこで生きる動植物もちがう。すると当然、目に映る風景もちがってくる。環境というものはかくも大きいのだと、日々実感している。どのような場所で、なにを見て、なにを感じ、どう語り得たのか。それらはすべて、「場」の問題とも繋がっていくのだろうと思う。

本著は、二〇一一年に提出した博士学位請求論文（二〇一二年三月学位授与）をもとに、その後、発表した論文も加えてまとめたものである。

学位論文の主査を務めていただいた兵藤裕己先生には、学生時代からご指導を仰ぎ、立論の方法や物事に対する視座など多くのことを学ばせていただいた。副査をお引き受けくださった鈴木健一先生にも、細やかなご配慮を賜った。先生方のひとかたならぬご鞭撻に、深く感謝申し上げる。伊藤聡先生には、大学院で演習を履修して以来、学位論文の副査としてご意見を賜ったほか、研究会や学会、寺院調査等で大変お世話になった。厚く御礼申し上げる。

日本学術振興会特別研究員の受入研究者をお願いした原克昭先生、国文学研究資料館プロジェクト研究員として多岐にわたるご教示を賜った海野圭介先生、近本謙介先生、早稲田大学日本宗教文化研究所招聘研究員として種々お世話になった吉原浩人先生、演習や研究会などで貴重なご助言を賜った小峯和明先生。研究活動に際してご教導いただいた諸先生方には深甚の謝意を表すとともに、今後も精進していくことで、すこしでもご厚意に報いたい。

また、伊藤先生、門屋温先生をはじめとする「中世神道書の会」、福田晃先生、大島由紀夫先生を中心とする『神道集』注釈の会」では、多くの学恩に浴した。研究の最前線にいるメンバー各位には、いつも大きな刺激を受けている。インターネットを利用して定期的に開催される研究会は、遠隔地に住む私にとって重要な学びの場となっている。あらためて感謝申し上げる。

学位論文を提出して以降、私自身を取り巻く環境が大きく変化したこともあって、一書として編むまでに思いのほか時間がかかってしまった。そのため、問題の設定が古い箇所や、最新の研究成果を十分に反映できていない箇所がある。自らの至らなさに忸怩たる思いである。

研究の遂行にあたっては、貴重な資料の調査・掲載にご協力いただいた諸機関、および神奈川県立金沢文庫の貫井裕恵氏には大変お世話になった。記して深謝申し上げる。

本著の刊行に際しては、文学通信の渡辺哲史氏にご尽力いただいた。タイトなスケジュールのなかで便宜をはかってくださったこと、重ねて御礼申し上げる。

最後に、いつも支えてくれる家族に、心より感謝する。

二〇二五年　二月

有賀　夏紀

本著の刊行は、令和六年度日本学術振興会科学研究費補助金「研究成果公開促進費」（課題番号２４ＨＰ５０３４）の交付を受けたものである。

V 地名

Ⅳ 事項

III 神名

II 人名

索　引

本索引は、本書中の主要項目を、I 書名（研究書・論文は除く）、II 人名（研究者名は除く）、III 神仏名（主要な仏・菩薩は除く）、IV 事項、V 地名の順に示した。

I 書名

［著　者］

有賀夏紀（ありが・なつき）

学習院大学大学院人文科学研究科日本語日本文学専攻博士後期課程単位取得退学。博士（日本語日本文学）。専門は日本中世文学、宗教文芸。

現在、北海学園大学非常勤講師、早稲田大学日本宗教文化研究所招聘研究員。

論文に「金剛寺蔵『龍王講式』の式文世界──釈論注釈と祈雨儀礼をめぐって」（『人文』18号、2020年）、「吒枳尼天と『法華経』をめぐる儀礼の言説──称名寺聖教の吒枳尼天資料を手がかりに」（『人文』19号、2021年）、「『神道集』の神祇観と実者」（『北海学園大学人文論集』72号、2022年）などがある。

中世神仏の文芸と儀礼

2025（令和7）年2月28日　第1版第1刷発行

ISBN978-4-86766-078-2　C0095　

発行所　株式会社 文学通信

〒113-0022 東京都文京区千駄木2-31-3 サンウッド文京千駄木フラッツ1階101
電話 03-5939-9027　Fax 03-5939-9094
メール info@bungaku-report.com ウェブ https://bungaku-report.com

発行人　岡田圭介
組版　組猫屋（松浦法子）
印刷・製本　モリモト印刷

ご意見・ご感想はこちらからも送れます。上記のQRコードを読み取ってください。

※乱丁・落丁本はお取り替えいたしますので、ご一報ください。書影は自由にお使いください。